CW01019761

TROIS MYSTIQUES GRECS

« *Spiritualités vivantes* »

SIMONNE JACQUEMARD

TROIS MYSTIQUES GRECS

Orphée, Pythagore, Empédocle

Albin Michel

Albin Michel
■ *Spiritualités* ■

*Collections dirigées
par Jean Mouttapa et Marc de Smedt*

© Éditions Albin Michel S.A., 1997
22 rue Huyghens, 75014 Paris

ISBN 2-226-08946-2
ISSN 0755-1835

A Madame J. de Romilly.

Pour la plupart, la fascination qu'exerce l'Athènes de Périklès demeure liée à une idée de perfection, d'opulence, de suprématie guerrière, voire d'insolente tyrannie. La cité par excellence continue à vibrer, dans le temps et l'espace, de tous les mots prononcés par une foule de discoureurs, humbles ou superbes, demandant, couronne de myrte en tête, la parole à l'Assemblée, dans le chant des cigales, sur la colline portant ce nom explosif : la Pnyx.

A l'arrière-plan miroite, telle une promesse d'immortalité qui s'incarne, la profusion sur l'Acropole des temples coloriés vers lesquels on se tourne sans cesse. Miroitent le Parthénon jambé d'une colonnade rappelant le troupeau de bœufs marchant vers l'hécatombe, la bulle démesurée du ciel si clair, la mer qui perpétuellement s'enfle et se défait, l'éparpillement des îles, ancrées au loin comme des navires.

Cette Athènes-là exista-t-elle, en toute vérité,

ou à travers elle cristallise-t-on un élan jamais exaucé, un espoir de lumière ?

Elle a existé et elle n'a pas existé, comme l'eût dit Héraclite d'Ephèse dont le goût pour le paradoxe reste une invite à la réconciliation des contraires.

Certes elle était profonde l'émotion que pouvait susciter chez un Athénien cette idée que tout excellait sur la terre d'Attique, à un moment donné de l'histoire des cités grecques, et face à la pression, à l'oppression toujours possible des Barbares. Ah, la fierté presque sans mesure d'être grec !

Quelque chose se passait là qui ne s'était jamais produit encore, qui ne se produirait peut-être jamais plus. Cela provenait-il uniquement d'une ferveur dépassant le simple sentiment esthétique devant la beauté des formes, devant le jeu permanent entre le vide et le plein, entre le ciel et la terre, comme autant de signes des présences divines ? Les acclamations adressées à l'athlète dont le corps se révélait dans une manière de quintessence apparentée à celle des fleurs et des bêtes fauves, elles se manifestaient au cours des fêtes innombrables, nécessaires, entretenant, ravivant le goût d'être là, d'être aux écoutes, de façon continue. Le regard bombé des Vierges fières, les Korè, est celui de qui participe pleinement, de qui s'expose au ressac des forces, à leur enveloppement doux. Aux révélations quotidiennes qui sont autant de jalons vers une béatitude à venir, et dont les péripéties sont illustrées par la chenille, dans le cocon où aveuglément elle se transmue, avant d'avoir des ailes.

Car *Psychè*, Ψυχή, est à la fois l'âme et le papillon.

De près, de plus près, il faut donc tenter de percevoir par quel mélange, quelle magie foisonna ce scintillement qui n'était jamais apparu, pas même en Crète, où le fastueux déploi d'une apothéose différente avait eu lieu, plus de mille ans auparavant.

(Il est surprenant d'ailleurs que les Crétois aient connu une aise ignorée des Athéniens, avec des commodités en usage à notre époque. Commodités qu'on retrouvera en plein VIIe siècle, au temps de Tarquin l'Ancien, l'Etrusque qui régna à Rome pendant que légiférait Solon dans une Athènes plus ou moins anarchique : il s'agit de ce qu'on nommait le *cloaca maxima*, où les eaux dites usées se déversaient, grâce à des canalisations, pour se jeter ensuite dans le Tibre.)

De près, de plus près il faut tenter de percevoir les battements de cœur de cette cité qui préférait les tuiles en marbre du Pentélique, destinées aux temples de ses dieux, à son propre bien-être, les ruelles tortueuses au pied de l'Acropole demeurant, sans que nul ne s'en souciât, et Périklès moins qu'un autre, parfaitement malodorantes et insalubres.

La population de l'Attique, composée de quarante mille citoyens, en possession des droits civiques, et de leur famille, de métèques d'origine grecque ou étrangère[1], puis d'esclaves dont le nombre n'est pas fixe, cette population-là n'habite pas en permanence à l'intérieur des murailles qui joignent Athènes à ses ports du Pirée, ports marchands et ports militaires. Il existe en effet un va-et-vient continuel entre les campagnes de l'Attique et la cité proprement dite. Mais quand on parle d'Athènes on englobe cet entourage immédiat, en fluctuation de négoces et d'occupations diverses, se rendant qui à l'Assemblée où se font, à mains levées, les décrets et certaines élections, qui à la Boulè où se prépare, en comité plus restreint, l'avenir d'Athènes, qui à l'Héliée, le tribunal où se jugent tous les procès, et ils sont extraordinairement nombreux et divers. Procès qui mettent en cause les alliés lointains des îles de l'Egée et même de l'Ionie. Car c'est à Athènes que tout converge, quand la navigation est possible, c'est-à-dire en dehors de la mauvaise saison.

----

1. Les estimations sont variables puisqu'on trouve chez G. Glotz 70 000 métèques pour 10 à 15 000 chez F. Chamoux. D'après le premier, le nombre des esclaves se serait élevé à 200 000 pour 100 000 chez le second. (Voir Glotz, *Histoire grecque*, tome II, p. 224, et François Chamoux, *La Civilisation grecque*, p. 244.)

Qu'attend-on du simple fait d'avoir reçu des dieux le don de l'existence ? La paix, d'abord, mais pas à n'importe quel prix. Pas au prix de concessions ternissant l'image dont tous se réclament. Qui est leur bien suprême. Et point un bien sur lequel on se juche comme un carnassier défendant la victime, qu'il ne parvient pas, d'un seul coup, à dévorer. Attitude digne de Lacédémone et de ses guerriers dont la vie tout entière se passe en exercices, sans aucun autre centre d'intérêt, ni artistique ni même utilitaire comme le commerce. Leurs fêtes, avec parcimonie, jalonnent les saisons, fêtes où les chœurs et les concours permettent à tous de s'entr'admirer orgueilleusement, au nom d'Apollôn et d'Artémis. Certes il n'en fut pas toujours ainsi, avant que Lacédémone ne soit prise au piège de ceux-là mêmes qu'elle a asservis et qu'il faut contenir. La dureté, la férocité avec laquelle on forme un homme, depuis son enfance, excluent à jamais toute complaisance pour les émotions. Pour des plaisirs bénins tels que celui de discourir, de s'enivrer. Un Laconien se tait. Un Laconien demeure sobre. Il se vante de se mal nourrir et de coucher comme s'il bivouaquait à longueur d'année. Il méprise par principe tout ce qui vient d'Athènes ; comme Athènes — dont les aristocrates demeurent paradoxalement attirés par l'ascétisme spartiate — frémit de cette pauvreté obligatoire, de cette maîtrise apparente d'instincts exacerbés par ailleurs, de façon systématique, dans la chasse aux hilotes qui contraint des adolescents à l'ignoble traque des paysans. Voluptés du meurtre de son semblable, devenu enfin un devoir !

Comment percevoir Athènes sans cette imagerie pieuse que les gloseurs à foison ont posée sur son éblouissante singularité, qui paraît si proche et si lointaine ? Irréductiblement lointaine puisqu'on pourrait lui appliquer ce que, d'un Dieu hors d'atteinte, affirmait Xénophane de Colophon, ce rhapsode errant, né vers 580 :

« Il n'y a qu'un seul Dieu, maître absolu des dieux aussi bien que des hommes, qui ne ressemble à ces créatures ni par le corps ni par *la pensée*. »

Mise à distance, remise en place si juste et qui nous laisse pantois ! Athènes demeure également incompréhensible à qui la considère pour s'en approprier les vertus. Vertus dont tirer parti, bien entendu. Comme les humains ont toujours approché les dieux avec la secrète espérance de leur dérober leurs secrets.

Entre les humains, le temps crée des abîmes. Guère moins démesurés que ceux qui les séparent des dieux.

Car être athénien, c'est d'abord croire que les dieux sont invisiblement là, qu'ils croisent dans les eaux majestueuses de l'infini turbulent. Mais

aussi qu'ils sont postés devant nous qui les traver-
sons sans les voir.

Tout hommage se révèle non comme un dû,
mais comme quelque chose dont l'urgence est
aussi indéniable que celle de la respiration.

Les fêtes

Il en résulte que les fêtes, qui sont rupture d'une
tension entre le visible et l'Invisible, doivent écla-
ter de place en place à travers le temps et l'espace.

La trompette du héraut, et ses stridences,
annonce l'ouverture des représentations théâtrales
désirées. Ah, le bouillonnement des ardeurs contenues, la marée humaine, la marée de joie qui abolit
les frontières et où se confondent maîtres et esclaves, femmes du petit peuple et riches propriétaires
de domaines, ordinairement recluses ! Qui est qui,
dans l'affamement mutuel et collectif ?

La piété faisant partie des devoirs civiques, les
fêtes demeurent essentiellement religieuses. Même
quand les porteurs de phallos côtoient l'essaim des
vierges chargées des corbeilles sacrées, aux diverses fêtes de Dionysos, la gaillardise n'a aucun
caractère d'offense ou d'indécence, parce qu'elle
est de bon augure.

Dire que les fêtes prennent dans la vie d'un
Athénien une place que nous jugerions excessive
si on nous l'imposait, ce n'est pas faire d'Athènes

une cité toujours en liesse. Les fêtes sont graves,
et même funèbres parfois. Il existe dans la conscience générale une idée très nette de leur succession, de leurs ressemblances, de leurs différences,
chacune étant une sorte de théâtre où l'on se conduit comme un figurant jouant son rôle et aussi
comme un bénéficiaire, dans un immédiat tout à
fait prosaïque, puisqu'il y a souvent frairies et partage des viandes, abondantes régalades de vin.

Il importe, en commençant par le mois de juillet
(Hékatombaiôn, bien nommé) qui est le début de
l'an, de suivre le piétinement des fidèles tout au
long des quatre saisons.

En juillet, au fort de la chaleur (la poussière
blanche volette, le soleil fendille les briques que
le potier a sorties de leur moule de bois) ont lieu
les Panathénées, où se célèbre la Vierge guerrière,
Athèna protectrice de la cité.

La frise du Parthénon (que Phidias compose
entre 443 et 442) montre, dans le moindre détail,
l'affluence exceptionnelle des processionnaires
foulant des jonchées de feuilles, magistrats et
cavaliers, prêtres et troupeaux de victimes couron-
nées, jeunes filles portant le péplos tissé et brodé
par elles, qui parera l'antique statue, le *xoanôn* en
bois de la déesse. Les chants, les mugissements,
les youyous semblables à ceux de Libye, les hen-
nissements, les injonctions menaçantes, les cla-

meurs, la course désordonnée des organisateurs, on peut les imaginer sans aucun risque d'outrepasser le réel. L'odeur d'étable et d'écurie, l'âcre relent des viscères arrachés aux panses, du sang répandu, de la graisse brûlée, le harcèlement des taons et des mouches, rappellent, une fois pour toutes, qu'il faut accepter avec la jubilation son envers, à savoir l'horreur et l'excrément, les cris de détresse.

Héraclite d'Ephèse, lui, pas plus qu'Empédocle d'Akragas, ne supportait cette indifférence devant la multiplication des scènes de boucherie.

« Ils cherchent vainement à se purifier en se souillant du sang des victimes. C'est comme si, après s'être sali avec de la boue, on prétendait se laver avec de la boue. »

Car il s'agissait d'abord de se purifier en faisant offrande aux dieux de ce qui plaisait le plus aux sacrificateurs, de ce qui a toujours plu aux humains, d'âge en âge : la chair des bêtes destinées à l'immolation et aux festins.

Se purifier ? Si la notion de souillure s'est pratiquement effacée en nous, elle importait à l'extrême, dans le commerce entretenu avec les dieux. Car les dieux se détournent de celui dont les mains n'ont pas été purifiées ou qui a commis un meurtre. L'un était-il plus grave que l'autre, aux yeux de Zeus, porteur de foudre, assembleur des nuées, aux yeux de Poséidôn, l'ébranleur du sol ?

Pendant les Panathénées (dites Grandes, tous les

quatre ans, parce qu'encore plus solennelles à
cause de la remise du péplos), on assistait durant
plusieurs jours aux concours gymniques tant pri-
sés, et auxquels tous les Grecs pouvaient prendre
part, de quelque cité proche, de quelque lointaine
colonie qu'ils viennent.

C'était par les concours que s'ouvraient les festivités : jadis courses de chars devenues courses
de chevaux montés où les éphèbes en chlamydes
noires vociféraient et harcelaient du talon leurs
petits chevaux cabreurs, mordeurs qui s'ensan-
glantaient la bouche sur un mors épineux. Quant
aux athlètes, luisant d'une odorante huile d'olive,
ils s'affrontaient, hommes faits ou garçons imber-
bes, dans la plaine d'Echélidaï, près du Pirée.

Pour la pyrrhique, danse guerrière, le vainqueur
recevait un bœuf. Pour la course aux flambeaux,
où les dix tribus d'Athènes, avec des quolibets,
soutenaient chacune leur candidat, le prix était une
hydrie décorée d'une image d'Athèna.

A la vérité, les rhapsodes qui déclamaient
Homère, qui chantaient des poèmes de Théognis,
de Stésichore, d'Anacréôn, de Pindare, avec un
accompagnement de cithare ou de flûte, espé-
raient, autant que la couronne, la pièce d'argent
frappée à l'effigie de la chouette et de l'olivier...

C'est au coucher du soleil que commence, en
Grèce, la journée. C'est donc au coucher du soleil
que commence, dans la liesse et la bousculade
joyeuse d'une fête de nuit, l'ultime épisode au

cours duquel, le lendemain, se formera la procession solennelle, avec les femmes très parées, les porteurs de vases liturgiques, les vieillards en chitôn de pourpre, tenant à la main un rameau d'olivier, et tout le reste en bon ordre défilant jusqu'au pied de l'Acropole.

En cette nuit de veillée sacrée, les musiciens et les chanteurs attirent, en cercle, des milliers d'écoutants, cependant qu'on crie au passage des porteurs de flambeaux, lesquels lèvent très haut leurs jambes arquées par la hâte et l'effort. Qui gagnera la course, d'Euthudémos d'Alopékè ou de Skopas du Kéramikoï, le plus renommé des faiseurs de cratères destinés aux banquets des riches magistrats ?

Avant d'en saisir la portée et le sens, il est bon d'envisager l'extraordinaire variété des fêtes. Sur les principales ensuite, il sera loisible de revenir.

Au cours d'une année, on n'en compte pas moins d'une trentaine, toutes sous le patronage d'un dieu, d'une déesse, d'un héros ou parfois de dieux associés.

Ce qui, l'année grecque comportant dix mois, autorisait la succession d'environ trois fêtes en l'espace de trente-cinq jours. Cadence ne permettant nulle retombée et dans la dévotion et dans le plaisir et dans les bombances dont les bœufs gras, les génisses, les porcelets, les agneaux, les chèvres, les boucs, les béliers faisaient les frais. Seule occasion, pour une part de la population urbaine, de manger de la viande, les paysans se rabattant communément sur le gibier et la volaille.

En juillet (Hékatombaiôn, mois des hécatombes) ont lieu :

les Cronia : en l'honneur de Cronos, père de Zeus et de Rhéa son épouse, assimilée à Cybèle, la grande déesse phrygienne. Frairies sans contrainte entre maîtres et esclaves.

les Sunoïkia : sacrifices et célébration du héros Thésée à qui l'on doit l'unité de l'Attique.

les Panathénées : annuelles mais, tous les quatre ans, occasion de grandioses déploiements en l'honneur d'Athèna.

En septembre-octobre (Boèdromiôn) :

les fêtes d'Eleusis : en l'honneur de Dèmèter, de Perséphonè et plus tard de Iacchos-Dionysos, qui duraient dix jours, avec une procession menant le char de Iacchos depuis Athènes jusqu'à Eleusis [1], et que suivaient les dignitaires du temple, les mystes, les magistrats, les émissaires des alliés et des clérouques, les citoyens rangés par dèmes et par tribus, les métèques, les étrangers, la cavalerie,

---

1. Soit l'équivalent de vingt kilomètres.

la foule des pieux badauds chargés, en un certain
point du parcours, de lancer sur les processionnaires, surtout de haut rang, les plaisanteries les plus
obscènes. Au cours de cette fête avaient lieu les
initiations dites du second degré.

les Boédromia : fête dédiée à Apollôn (avec
sacrifices et procession).

En octobre-novembre (Pyanepsiôn) :
les Pyanopsia : fête des semailles, où Apollôn
recevait, entre autres, un plat de fèves. Des garçons y défilaient avec une branche d'olivier.

les Oschophoria : fête de caractère similaire,
puisque les garçons paradaient avec des branches
de vigne chargées de leurs grappes. Mais c'est
Dionysos, et non Apollôn, qu'on sollicitait. Danses et courses d'éphèbes.

les Thesmophories : elles duraient trois jours ;
leur caractère vital et leur importance en faisaient
une fête à part, celle des Athéniennes mariées,
seules admises à célébrer Dèmèter. Jeûne et contemplation des symboles de fécondité.

les Apaturia : sacrifices et banquets d'hommes
libres, à l'occasion de cette fête civique, où les
garçons nés dans l'année, d'une union légitime,
étaient présentés aux membres de la phratrie. Zeus
Phratrios et Athèna Phratria étaient invoqués.

les Chalkéïa : les artisans travaillant le bois et la
pierre, les potiers, les forgerons offraient à Athèna

Erganè et à Héphaïstos quelque « chef-d'œuvre »
de circonstance.

En décembre (Poséidôn) :
les Haloa : elles complètent l'action bénéfique
des Thesmophories, associées aux semailles : les
Haloa aident à la germination du grain en terre.
On y sacrifie à Dèmèter, bien entendu, à Perséphonè, mais aussi à Poséidôn, sans doute parce
que la mer, déchaînée à cette saison, retient les
navires au rivage. Seules les femmes y sont pré-
sentes, y compris les courtisanes exclues des Thesmophories. Le phallos est, une fois de plus, exposé
comme objet rituel puisqu'il est cause de la perpé-
tuation de l'espèce humaine.
les Dionysies champêtres : la plus populaire des
fêtes, avec les réjouissances bruyantes et l'ivresse
et les farces des Kômoï, origine de la comédie.
Exaltation des vertus de Dionysos et du phallos.

En janvier-février (Gamèliôn, mois des
mariages) :
les Gamèlia : en l'honneur de Zeus et d'Héra,
époux divins.
les Lènaïa : fête orgiastique des Lènaï ou Ménades ou Bacchantes qui dansaient devant le
Lènaïon, en proie à une transe violente. Dionysos
présidait aux représentations lyriques et dramati-

ques, devenues comparables à celles des Grandes Dionysies. C'était là une fête majeure.

En février-mars (Anthestèriôn) :
les Anthestèries : elles duraient trois jours. Fête majeure également, avec concours de buveurs, défilé de masques escortant le char-navire de Dionysos, hiérogamie. Et le troisième jour, appelé Chytroï (les marmites), rituels funèbres à l'intention des morts que guide Hermès psychopompe.
les Chloïa : fête de Dèmèter Chloè, la verdoyante, en faveur des premières pousses dans les champs.
les Diasia : fort solennellement, les Athéniens tentaient de s'y concilier Zeus Meïlikhios, « doux comme le miel ».

En mars-avril (Elaphèboliôn) :
les Procharistéria : en guise d'actions de grâce à Athèna qui permettait la fin de l'hiver.
les Grandes Dionysies : elles duraient cinq jours et égalaient, par leur magnificence et l'extraordinaire affluence de Grecs et d'étrangers, les Grandes Panathénées. Chœurs en l'honneur de Dionysos, tragédies, comédies, drames satiriques s'y succédaient à une cadence pour nous stupéfiante. La liesse et la ferveur devaient provoquer

un état de transe collective, plus ou moins bien
contrôlée.

En avril-mai (Thargèliôn) :
les Thargèlia : fête d'Apollôn, le purificateur.
Le premier jour, était chassé de la cité, à coups de
branches de figuier et de scille, un « bouc émissai-
re » humain, chargé des fautes de tous. Le second
jour, Apollôn recevait une bouillie de céréales en
prémices de la récolte.
les Plynthèria : fête du bain d'Athèna dont on
portait la vieille statue de bois, le *xoanôn*, jusqu'à
la rade de Phalère où on l'immergeait. Ce rituel
assurait, après les Thargèlia d'Apollôn, l'efface-
ment de toutes les souillures.

En juin-juillet (Skirophoriôn) :
les Skirophoria : fête des parasols blancs (ski-
ros) en l'honneur d'Athèna, de Dèmèter, de Perséphonè et de Poséidôn.
les Dipolia ou *Bouphonia* : un bœuf de labour
était immolé à Zeus.
les Arrhèphoria : en l'honneur d'Athèna
Poliade, avec un cérémonial mystérieux accompli
par deux[1] petites filles appelées arrhèphores, et
qui transportent, de nuit, des objets sacrés.

---

1. Deux pour F. Chamoux ; quatre pour G. Glotz.

En août et en novembre principalement avaient lieu aussi des fêtes mineures en l'honneur de héros comme Thésée ou de dieux comme Asklépios, tandis qu'au Pirée se célébraient, avec un éclat grandissant, parce qu'on s'y accoutumait peu à peu, les fêtes des divinités étrangères que vénéraient les métèques et les esclaves, les négociants venus de toutes les parties du monde connu, telles :

les Bendidies : fête de la Bendis thrace.

les Adônies : fête de la végétation printanière, associée à des déplorations funèbres sur la mort de l'Adônis phénicien, amant d'Aphrodite.

Il est normal que les métèques, Grecs ou Barbares, qui versent une redevance annuelle à l'Etat, puissent satisfaire aux exigences de leur propre religion. Néanmoins Athènes, à leur propos, garde ses distances.

A prendre en compte, rapidement, cette succession ininterrompue de festivités dont la cité est le théâtre, on ne laisse pas de tirer quelques conclusions.

Zeus, le dieu suprême, ne prime absolument pas, avec quatre fêtes en été, en automne et en hiver. Apollôn ne reçoit que trois fois l'hommage de ses fidèles, Delphes et Délos étant le véritable lieu de son culte. Néanmoins les *Thargèlia* où la cité se purifie, demeurent une fête essentielle.

Par contre, Dèmèter marque la conscience grecque de sa double emprise, qui est deuil et renais-

sance, et suit le rythme des saisons avec cinq fêtes
dont celle d'Eleusis où sont révélés les Mystères
originels, dont la divulgation est punie de mort.

Bien entendu, c'est Athèna qui, à cinq reprises,
suscite la plus grande ferveur populaire. Aux
Grandes Panathénées, l'année s'amorce et culmine
à la fois. Et autant qu'Athèna et comme aux extrêmes (puisqu'elle incarne la *sophia* et donc l'équilibre, tandis que le dieu du vin suscite
l'*enthousiasmos* qui est délire de vie, délire de
mort), Dionysos touche jusqu'en leur tréfonds
ténébreux ces Grecs épris de clarté, au cours des
six fêtes où s'affrontent, comme il se doit, toutes
les forces en jeu dans le monde.

Les Mystères

Des Mystères eux-mêmes, il y aurait trop à dire,
sinon qu'ils sont à l'extrême pointe de cette avancée téméraire, propre à l'homme grec, curieux de
tout et d'abord des interdits touchant le sacré. Les
dieux veulent et ne veulent pas de la familiarité de
leurs fidèles. Parce que ces mêmes fidèles
auraient, comme des enfants avançant leurs mains
vers le feu qui dévore, vers la foudre qui anéantit,
tendance à l'irrespect, les dieux concentrent dans
des rituels qui inspirent la crainte, et donc rétablissent une hiérarchie, leur pouvoir illimité. Des
sons, des visions, l'éclair d'un écho, l'écho d'un

éclair, tout culmine soudain de façon instantanée, et l'homme perçoit la trame même de l'inexprimable. Un arrière-plan insoupçonné bâille et miroite, comme un second ciel s'ouvrant au-dessus du premier.

Hérodote d'Halicarnasse, dans son *Enquête*, a mentionné les Mystères d'Osiris qui se célébraient à Saïs, en Egypte, bien avant les Mystères de Dèmèter et de Perséphonè. Pour Hérodote, la Grèce demeure tributaire de l'Egypte quant aux dieux et à leur célébration.

Sans aucun doute (et sa discrétion légèrement ostentatoire nous renseigne sur le fait qu'il n'ignore rien), il a reçu des enseignements secrets. Il a été initié par des prêtres égyptiens. Il convient l'avoir été aux Mystères des Cabires qui se perpétuaient à Samothrace.

En vérité, les Mystères comportant des représentations sacrées, où les hommes jouent le rôle des dieux, apparaissent comme une constante dans l'ordre des manifestations culturelles et dévotionnelles, à travers les âges et les pays du monde entier.

Toute initiation s'appuie sur des révélations et des interdits, que ce soit chez les aborigènes des îles Fidji, au XXᵉ siècle ou chez les Perses du temps de Cambyse.

En quoi les Mystères grecs différaient-ils de ces hauts moments universels, codifiés par des organisateurs qualifiés ? Peut-être en ce qu'ils englo-

baient de façon ambiguë les éléments les plus
archaïques et les plus troublants — où la sauvagerie d'antan, réfrénée mais toujours présente, flam-
bait à nouveau — avec l'acquis, les raffinements
de sagesse et de pensée d'une civilisation qui se
voulait belle et harmonieuse, et s'en flattait face
au monde barbare. D'ailleurs le théâtre, lieu du
déchaînement et de l'analyse, y était étroitement
associé.

S'agissait-il ici, tout comme au théâtre, d'apprivoiser les monstres ? S'agissait-il, par de sour-
noises et savantes manœuvres, possiblement
sacrilèges, de désamorcer l'ire divine ?

Sacrilèges, elles l'étaient indéniablement, elles
osaient l'être, puisque Dionysos se trouvait parfois
bafoué sur la scène même où était dressé son autel,
par les acteurs de la comédie ! Ce Dionysos
dénoncé comme un pleutre d'une rare fourberie,
plus obstiné et plus sot que le dernier des cor-
royeurs !

Faire rire les dieux d'eux-mêmes ? Audacieux
exercice qui se voudrait naïf, mais dont l'idée
nous transit. Cette licence était-elle vraiment au
goût de tous ?

A cause du châtiment qui s'attache aux notions
d'*Hubris* et de *Némésis*, c'est-à-dire d'un orgueil
insensé et de la riposte immédiate venue de
l'Olympe, on ne peut cependant douter de la susceptibilité des dieux.

Les exemples abondent. Et d'abord celui de

Polycrate, tyran de Samos, et qui paya chèrement une chance excessive, malgré les gages offerts en soumission, comme ce somptueux anneau jeté dans la mer. En fait, n'était-ce pas secrètement en son cœur que Polycrate narguait les puissances invisibles ? L'anneau sacrifié n'empêcha pas qu'il fût pris au piège du satrape et supplicié.

Affaire aussi des Alkmaiônides, pris en haine par tous, à cause du sacrilège que commit Mégaklès en faisant massacrer l'ennemi réfugié près d'un autel. Malédiction de l'exil retombant sur toute une famille, génération après génération. Ineffaçable souillure dont même Périklès resta marqué puisqu'il devint suspect au moment où la peste apparut à Athènes et fut considérée, par certains, comme un châtiment des dieux.

Les Mystères, à cause des initiations dont ils s'accompagnent, demandent purification des corps et de manière souhaitable, mais non obligatoire, celle des cœurs.

Il semble que ce soit le meilleur gage donné aux dieux pour obtenir, non seulement la prospérité dans l'immédiat, mais une vie d'éternelle béatitude. Et non cette espèce de réclusion dans les ténèbres de l'Hadès, que les poètes évoquent si souvent avec effroi.

L'apaisement accompagne ces cérémonies collectives où chacun se conforme aux règles d'une familiarité point trop périlleuse avec l'Invisible. Car prier seul, debout, devant les statues divines, les deux mains tendues en quémandeur, n'apporte pas grand réconfort. Les dieux ont-ils entendu ?

Là, chez les futurs initiés recueillis, que l'angoisse rend dociles, les dieux provoquent des sursauts qui permettent à la conscience de se dégager de la gangue du quotidien.

Nombreux sont les Mystères, donc, ceux d'Eleusis remontant possiblement à l'époque minoenne, mais ayant pris dès le VIe siècle au moins, à Athènes, tout leur riche contexte et leurs prolongements codifiés. Mystères de Lerne, en Argolide, ce pays de l'Hydre qu'extermina Héraklès. On y associe Dèmèter et Dionysos. Mystères d'Agra, en Attique, où la « passion » de Dionysos et sa mort, fort semblables à celles d'Osiris, étaient représentées.

Mais il existe aussi, se perpétuant peut-être jusqu'à l'époque où s'érige le Grand Temple, appelé ensuite Parthénon, des formes suspectes du commerce à établir avec les dieux, et où le cannibalisme figure comme un rituel secret.

L'Arcadie, sombrement inquiétante pour des Athéniens, a servi longtemps à Zeus, sur le mont Lycée, des chairs humaines. (Et pourtant Thémistoklès lui-même, au matin de Salamine, n'avait-il pas fait égorger trois jeunes Perses de noble famille, en sacrifice propitiatoire ?)

Conduite aberrante, à première vue, qui peut s'expliquer par le fait que, pour le prédateur divin, l'homme est une proie de choix, plus précieuse que l'animal sauvage ou domestique. Comment gratifier mieux ceux qui possèdent la Toute-Puissance ?

Mystères s'accompagnant d'omophagie dans les thiases de Dionysos, ou de l'absorption de *kukéôn*, le breuvage sacré, à Eleusis. Mystère où l'on communie de cœur et de bouche.

L'offrande d'un épi de blé fraîchement moissonné, aux *Eleusinia*, la plus ancienne des fêtes d'Eleusis, provoque la joie pleine de reconnaissance des campagnards. Ils ont, par la déesse, été exaucés. On mangera à sa faim. Et parce que l'épi, mis en terre, donnera à foison d'autres épis succulents et parfaits, le renouveau est assuré, la continuation de « l'âme des épis ». Comment l'homme, soudain ému, ébloui par la contemplation silencieuse de l'épi, n'eût-il pas ressenti sa propre, sa simple, son humble pérennité ?

Retournons-nous une dernière fois vers ces Grandes Fêtes, comme les Dionysies ou les Panathénées, dont la jubilation énorme, la houle de voix et de présences continuent à battre de leur ressac ce siècle que nous appelons nôtre ; elles peuvent apparaître comme une dissipation de la charge contenue dans les Mystères et, quoique religieuses, non destinées à se conclure par une révélation.

Toujours dans le même ordre défilent les différentes catégories d'hommes et de femmes qui tiennent leur rôle, et dans la cité quotidiennement et dans cette apothéose. L'odeur du vent marin, des pins, des cyprès, des oliviers se confond avec le chant des cigales, avec la lumière qui se fait respiration.

Ils sont tous là, les représentants des dèmes de l'Attique qui précèdent les envoyés des cités de l'Hellespont, d'Ionie, de Cyrénaïque, de Grande Grèce. Effarouchées mais fières, en tuniques neuves de lin blanc, les petites filles et les vierges qui ont tissé et brodé le *péplos*, piétinent en silence et se gardent de tout contact.

Vêtus de manière un peu ostentatoire pour inspirer l'envie, les métèques, ces venus d'ailleurs, qui font souvent les frais des fêtes, portent les vases rituels en argent.

A un moment donné, quand l'escarpement touche à sa fin et qu'on découvre, des temples non seulement les faîtes en marbre, mais les frontons peints, alors apparaît la statue d'Athèna Promachos que les navigateurs peuvent saluer depuis la rade, tant elle est gigantesque, tant son casque et ses armes étincellent.

Des vautours planent, venus des rochers de l'Aréopage et qui attendent le moment des sacrifices.

A quoi songent les belles filles, qui portent la main à leurs pendants d'oreilles, lissent leur chevelure ? A la danse, bien entendu.

Mais ici, elles ne danseront pas la danse de la grue, comme on le fait à Délos, ni celle de l'épervier que miment les garçons d'Argos, ni celle du merle d'eau dont les Ephésiens raffolent. Peut-être, si nul ne les aperçoit, celle de l'ourse, comme elles l'ont fait déjà à Braurôn en l'honneur d'Artémis et qui leur permet de songer au mariage...

En bas, sous les platanes de l'Agora qu'a fait planter Kimôn, se sont installés — dans le grouillement des fidèles, les nuages de poussière blanche et le grondement des roues et des sabots — une extraordinaire diversité de marchands. On plonge enfin les coupes dans les cratères pleins de vin odorant, parfumé aux épices. Les anchois de Phalère et les rouelles de thon rôtissent sur les braises.

Le théâtre grec

Comment parler du théâtre grec ? La naissance de la tragédie, la naissance de la comédie, que nous concevons à présent comme allant de soi, comportent une profusion d'éléments.

Ce faux-semblant du théâtre, où chacun contemple d'autres soi-même, en train de faire ce qu'il voudrait exécuter, en train de subir ce qu'il craint par-dessus tout de subir ! A un moment donné, elle se matérialisa cette idée de feindre d'être, pour mieux piéger l'être toujours en fuite et suprêmement impermanent.

Qui commença à se dédoubler devant autrui et à s'exposer aux sifflets voire aux jets de pierre, ou aux applaudissements ? Qui, le premier, osa « entrer dans la peau » des dieux ?

Car le théâtre est destiné à provoquer, à bouleverser, à déchaîner, à désenchaîner, à remettre en question, à présenter des miroirs déformants, à montrer l'homme dans sa plus grande dimension, et à le jeter au sol comme l'esclave qu'il sait qu'il demeure : esclave de ses peurs, de sa propre férocité, de ses convoitises parfois infâmes, esclave de la maladie et de la mort.

Le théâtre, en son fond, reste toujours plus ou moins aléatoire.

Et d'ailleurs, les masques de la tragédie sont là pour brouiller les pistes. Qui parle derrière ces traits figés ? Un mort, à coup sûr. Un mort entré dans l'immortalité. Donc un être ambigu, appartenant à deux catégories antinomiques. Les dieux et les héros sont-ils autre chose que des humains qui savent respirer sans asphyxie l'air raréfié de l'Audelà, l'air des cimes qui enivre et dissout le charnel matériau ? Les dieux habitent l'Olympe éblouissant que dissimulent des nuées.

Il s'agit de les contraindre à jouer avec les humains leur jeu fascinant de reflets et d'ubiquité, de les piéger grâce aux péripéties inventées par leurs interprètes délirants : les poètes. Et alors le théâtre déclenche une succession d'images et d'imaginations vives, que le quotidien ne peut fournir. Le cri des acteurs et du chœur s'élance parfois si haut que la foudre, en réponse, devrait tomber sur leurs complices, les spectateurs.

Mais peut-être l'excès même de cette transe collective, de cette transe gouvernée, canalisée par les mots et par les gestes, protège-t-elle l'assemblée consciente de ses dangereuses manipulations (manipulation des secrets, mise au jour de ce qui ne devrait pas être dit). Il n'y a plus d'*Hubris* là où la *Némésis* opère en grande pompe. Tout palpite, de façon concomitante, dans une lourde mêlée, des crimes et de la punition, de la noblesse sereine et de la déchéance. Dionysos, au centre de la scène, écarquille ses yeux où miroitent les ténèbres.

Après les simulations liturgiques, qu'on pratiquait à l'époque minoenne, plus d'un millénaire auparavant ; après les commémorations rituelles dans les temples égyptiens, les Grecs osèrent ce face-à-face interdit : montrer l'homme, dans des états extrêmes, à d'autres hommes mis en demeure d'assumer ce doublet d'eux-mêmes. Mis en demeure de dénouer les nœuds de leurs propres contradictions douloureuses.

On pense à Eschyle aussitôt, à *Prométhée*[1] qui défie et insulte l'ordre universel, parce qu'il lui

---

1. Non assurément attribué à Eschyle.

apparaît (et à nous du même coup) comme implacable. On pense à *L'Orestie*, où le bramement de
mort des Atrides perfore le silence hautain d'un
palais clos.

Mais avant Eschyle, il y avait eu d'autres guet-
teurs dénonçant les périls de la haute mer tout
comme les abîmes de perfidie que même un dévot
de Dionysos, bien imbibé de vin de Byblos ou de
Rhodes, peut quelquefois receler. Chez Homère,
Ulysse fanfaron et intrépide est-il, pour un Grec,
l'emblème même du juste milieu ? Ulysse qui ne
se laisse duper par aucun argument, d'où qu'il
vienne, et qui exige souvent plus que son dû.
Ulysse que les dieux contraignent à se surpasser
sans cesse, et à qui ses propres tribulations valent
des découvertes ayant valeur initiatique. Ulysse
qui conçoit enfin combien le monde est vaste et
plein de prodiges.

Revenant à la naissance de la tragédie qui pré-
céda celle de la comédie en Grèce (mais la Sicile
avait déjà ses bonimenteurs paillards), il est juste
de citer des noms. Noms désincarnés toutefois,
puisque sans visages...

Thespis d'Icaria (VIe siècle) fut couronné le premier, lui qui emprunta aux gens de Sicyone leur
manière inhabituelle de mettre en gestes et en
mots le dithyrambe adressé à Dionysos.

Alors que ledit Thespis faisait rouler, d'un dème
à l'autre, son chariot portant les toiles peintes des
décors, les masques et les hardes des choreutes-

danseurs, Pisistrate, alors tyran d'Athènes, institua les fêtes des Grandes Dionysies (dites urbaines, par opposition aux Dionysies champêtres).

En 534, des concours dramatiques sans précédent chez les Grecs se déroulèrent avec un certain éclat, et Thespis l'emporta à juste titre. L'innovation plut au point que, quelques décennies plus tard, cinq journées, au cours de la fête, étaient consacrées aux manifestations théâtrales. Les deux premières comportaient des chœurs d'hommes et de garçons, accompagnés par la flûte et la cithare, et les trois autres des concours dramatiques.

Plaisir si intense, semble-t-il, qu'on ne pouvait comprendre comment on avait vécu jusque-là sans ce festin offert aux yeux et aux oreilles, sans ce bouillonnement d'émois.

Au temps de Périklès, nul ne rechigne à l'idée qu'il faudra, en trois jours, assister à neuf tragédies, à trois drames satiriques et à trois comédies !

Insatiable appétit, même du petit peuple, pour des divertissements élevés (hors les comédies, bien entendu) formant l'esprit et lui donnant mesure du monde des hommes, des héros, et des dieux.

Fort évidemment la comédie, pleine de piquantes, de désobligeantes allusions politiques, d'obscénités traditionnelles n'excluant pas la scatologie, était un délassement bienvenu, après *Ajax* ou *Philoctète*.

Nommons encore, après Thespis, Pratinos de

Phlionte, Choirolos, treize fois couronné, et surtout Phrynichos, qui fit jouer, entre autres tragédies, la célèbre *Prise de Milet* (vers 494) ainsi que
Les Phéniciennes (en 476). Nommons Ion de
Chios, auteur d'une dizaine de trilogies. L'anec-
dote si connue, relative à Phrynichos que la cité
condamna à une amende parce qu'il avait fait san-
gloter tous les spectateurs avec sa *Prise de Milet*,
montre bien qu'on ne pouvait, à Athènes, dépasser
certaines limites concernant la susceptibilité
patriotique.

Sous quel éclairage envisager les trois grands
dont nul n'égala jamais, dans la suite de l'histoire
grecque, la force et la complexité, la magistrale
interférence entre l'homme et ses extrêmes : le
divin et le monstrueux ? Ils continuent à nous fas-
ciner, cet Eschyle, né à Eleusis, ce Sophocle de
Kolônos et Euripide, dont Salamine fut sans doute
la patrie.

Osera-t-on dire d'Eschyle qu'il a tenté d'assumer la démesure universelle, le chaos où l'esprit
grec devra fixer les jalons, les prises solides de son
équilibre ? De Sophocle qu'il a revendiqué pour
l'homme le droit à une verticalité fière, auquel il
se voue solitairement ? D'Euripide qu'il joue avec
les reflets d'une psyché multiforme, friande de
dialectiques savantes et donc fascinée par sa propre perte ?

Mais tout de même, en guise de conclusion,
comme le disait au VIᵉ siècle ce poète vagabond et

tranquillement impie qu'était Xénophane de Colophon, n'oublions pas que :

« Si Dieu n'avait pas inventé le miel brun, les hommes trouveraient les figues encore plus douces... »

Et c'est Xénophane qui disait encore :

« Les Ethiopiens pensent que leurs dieux sont camus et noirs ; les Thraces qu'ils ont les yeux bleus et les cheveux rouges... »

Pour en finir avec le théâtre, je ne décrirai pas ce rassemblement vociférant d'hommes et de femmes, regardant d'autres hommes (les rôles féminins étant tenus par des acteurs mâles) mimer les passions et les peurs qu'ils ressentent ; je ne mentionnerai pas les odeurs violentes d'encens et de crottin d'ânes, d'oignons pelés, de beignets, de lentilles, de sésame, de smilax et de violettes tressées en couronnes. Je ne dirai pas plus le choc sonore de dix mille pieds sur les gradins de bois qui s'élevaient vers le ciel et qui s'écroulèrent, non isolément, comme il était courant, mais tous ensemble, dans des clameurs de tragédie qui ne venaient pas de l'*orchestra*, cette fois. Je ne montrerai pas les spectateurs terrifiés par les apparitions des Erinyes, et prenant la fuite avec des cris d'horreur. Mais j'évoquerai la ronde des danseurs et leur avancée sinueuse, buste érigé et genou haut, dans un déploiement d'étoffes noires ou ver-

millonnées, algaradant les dieux ou les comblant
de louanges, bramant à tue-tête par-dessus la
giclée des flûtes et le gong des boucliers de
bronze.

Et pour conclure, j'oserai affirmer que tous, au
plus intime de ce qu'on appelle la conscience collective, nous avons souvenir et nostalgie d'un
cérémonial si comblant et si bouleversant.

Certes, à travers les siècles, le théâtre a perduré,
presque identique, mais les dieux ne participent
plus au jeu des acteurs masqués.

Qui était qui, alors, l'homme transmué en dieu,
le dieu se substituant à l'homme, par la seule puissance des vibrations incantatoires ?

L'architecture

Dans l'espace vide, dans l'air très subtil, d'un
vert pâli, d'un mauve d'aile de tourterelle, l'Acropole dévoile, au moment où le soleil s'enfonce à
l'horizon, le pullulement de ses corniches, de ses
frontons, de ses colonnades. Athènes est-elle con-
cevable sans ce nid d'aigle encombré de merveil-
les, sans ce bouquet de pierres tendu très haut et
que décolore le vent marin ?

Et pourtant l'Acropole existait à peine avant
Périklès, et le Parthénon, ou plus exactement le
Grand Temple, ne fut achevé qu'en 438 par Phi-
dias. L'énumération serait fastidieuse de ce qui

occupait auparavant l'esplanade et que saccagè-
rent les Perses, Xerxès vengeant en 480 l'incendie
des sanctuaires de Sardes. C'est en 447 qu'on
avait déblayé et fait un charroi des ruines, pour
établir le soubassement.

Outre le nom de Phidias, architecte et sculpteur
(lequel fut payé d'ingratitude et mourut en exil,
accusé d'impiété, voire de malversations, comme
Périklès lui-même !), il faut faire sonner d'autres
noms, méritant d'être prononcés deux mille ans
plus tard : Kallikratès, Ictinos, Mnésiklès, Koroï-
bos, tous architectes. Paiônios, Alkamène, Agora-
kritos, Krésilas, maîtres-sculpteurs ; les peintres
Kolotès et surtout Polygnote de Thasos que
Kimôn avait chargé de la décoration du Poecile
sur l'Agora, où se rassemblaient les mystes, les
initiés d'Eleusis.

Au Ve siècle, l'embellissement d'Athènes multiplie les chantiers.

A la vérité, hormis Phidias qu'on connaît un
peu, qui, de ces artistes notoires, travailla à quoi ?
Les traditions varient, quoiqu'il y ait parfois des
signatures, et surtout l'exacte notion du temps
(compté par olympiades, c'est-à-dire par quatre
années à la fois, et Platon ne se fera pas faute,
comme Xénophon, d'intervertir les durées des
hommes et des événements, selon les besoins de
sa démonstration).

A ce sujet, ne pas oublier que les Grecs
n'avaient qu'un mot, *technaï,* pour désigner tous

les arts, à quelque catégorie qu'ils appartiennent ;
la céramique n'était point reléguée à un rang
mineur, mais considérée comme aussi noble que
la sculpture.

De la peinture grecque, au VIᵉ, au Vᵉ siècle,
comme de la musique si variée, si savante, que
reste-t-il à présent ? Rien. Ou presque.

Les apports étrangers

Quelque chose nous renseigne sur les sources
de cette invention inépuisable, parce que toujours
renouvelée, qui caractérise les cités grecques et en
particulier Athènes ; quelle sorte de bijoux portaient Deinomachè, la mère d'Alkibiadès, le beau
stratège, ou Elpinikè, la sœur de Kimôn, ou encore
Sapphô, la poétesse ? Des bracelets, des pendants
d'oreilles, des colliers dont l'inspiration venait
d'Egypte, de Phénicie, de Lydie, de Crète, de
Perse. Venait aussi de l'Ionie et peut-être même de
la Colchide, riche en or, ou des déserts de Scythie.

Voilà donc, une fois de plus, dans cette histoire
insatiablement découverte et redécouverte (et nul
ne sort indemne d'un pareil tourbillon d'initiati-
ves, de tels essaimages collectifs), voilà donc, une
fois de plus mise en évidence la cause unique
favorisant en Grèce une fécondité et un élan qu'on
ne perçoit pas ailleurs dans l'histoire de l'huma-

nité, et qui ne se retrouveront plus, alliés à tant de maîtrise.

Il s'agit à la fois des apports de tous les pays, proches et lointains, car on voyageait sans discontinuer, et de la saisie que chacun des Grecs pouvait avoir de son identité nationale. Identité due exclusivement à la communauté de langue et à la communauté de religion.

Voyages de particuliers pour leurs négoces ? Voyages d'hoplites en guerre, de flottes détachées vers des îles rebelles, en temps d'alliance rompue, de tribut impayé ?

A l'origine, il faut percevoir le clignotement de ces multiples feux, dans des âtres qu'Hestia, gardienne du foyer, protège, et cela en plein pays barbare.

Il faut comprendre que l'Ionie, sur le bord adverse de la mer Egée, a été l'Orient de la Grèce. Avec tous les apports insoupçonnables, toutes les contaminations fécondes et fascinantes, parfois néfastes, puisque les habitants de Colophon, dont Xénophane leur compatriote se gausse, avaient pris aux Lydiens leurs manières efféminées, et se rendaient à l'Agora vêtus de pourpre, pleins de suffisance et vains de leurs chevelures disposées avec recherche, imprégnées d'essences odorantes.

A propos des colonies, on pourrait faire un morceau de bravoure où l'épopée éclaterait, côte à côte avec l'ingéniosité, le mercantilisme, le plaisir de ruser caractérisant l'homme grec. Mais nous ne

nous y tromperons pas : face au navigateur phénicien qui a, lui aussi, affronté les tempêtes et tiré ses
navires au sec, un peu partout, et même en priorité
absolue, puisque dès la fin du IIe millénaire, les Phéniciens avaient abordé en Ibérie et un peu plus tard
fondé Gadeira (Cadix) pour commercer avec Tar-
tessos où l'étain si précieux était acheminé depuis
les légendaires îles Cassitérides — face au navigateur phénicien, le colon grec, lui, s'enracine et ne se
contente pas de trocs et de profits.

Ce ne sont pas seulement des baraquements où
étaler des vases remplis d'huile ou de vin, des
armes, des épices, des gemmes précieuses, des
étoffes — mais une bourgade à l'image de la
métropole, avec un temple à la divinité poliade,
une agora, une palestre et des bains publics. Avec
lui, c'est une conception particulière du monde
qu'il introduit, une façon d'honorer le suprême
présent que lui font les dieux : l'existence.

Il importe de ne pas oublier que, de leurs voisins immédiats, concurrents implacables parfois,
les Grecs ont su tirer parti. Ainsi des susdits Phéniciens qui leur rendirent, sans l'avoir voulu, un
inestimable service, celui de leur fournir les éléments d'un alphabet.

Dès le XIIIe siècle, de l'amalgame des écritures
babyloniennes, égyptiennes, crétoises, les Grecs
avaient tiré un système de notations[1]. Mais ce

---

1. G. Glotz, I, p. 146, *Histoire grecque.*

n'est qu'au IXᵉ siècle, qu'à l'imitation des Phéniciens ils codifièrent véritablement ces signes. On se demande, une fois de plus, comme pour toute invention dont les conséquences projettent en avant l'humanité, ce qu'aurait pu être la Grèce, ce que nous aurions pu être, nous, sans ce véhicule irremplaçable et véloce de la pensée.

Les migrations

Il apparaît d'abord que les migrations des Préhéllènes vers la rive asiatique remontent à une époque extrêmement reculée, pendant que, de la Crète, surgissaient ceux qui établirent dans le Péloponnèse cette civilisation particulière dite mycénienne (intrusions et établissements fixes s'échelonnant, après la période des « seconds palais » vers 1600, et coïncidant avec l'apogée de la puissance maritime crétoise vers 1400 av. J.-C.).

Des vagues d'invasions successives, repoussant de place en place les envahisseurs premiers, que submergent des envahisseurs seconds, il ne peut être question ici, sans perdre le fil de cette remontée contemplative, où soupeser les composantes de ce qu'on nomme communément « le miracle grec », comme s'il y avait eu quelque chose de surnaturel dans ce très naturel processus de fleurissement, de maturation parfaite.

Revenant à l'époque où commencèrent intensé-

ment le flux et le reflux des colons, embarqués
avec tout leur avoir sur des esquifs précaires,
exposés aux pirates, et plus particulièrement aux
pirates taphiens en mer Ionienne, aux Lemniens
près des côtes thraces, aux Crétois, se dissimulant
dans chaque crique où mouiller pour la nuit, on
peut dater cet événement majeur du milieu du VIIIe
siècle. L'extension dura jusqu'au début du VIe, le
même qui vit naître Pythagore de Samos et croître
l'Ecole de Milet à travers ceux qu'on appelle les
physiologues ioniens, Thalès de Milet, Anaximandre, Anaximène.

Sur la rive opposée donc, face à la mère patrie
qui avait envoyé là-bas des contingents de paysans, d'artisans, de devins, on spéculait avec des
subtilités dans le raisonnement et une audace étonnante, si l'on songe que nul instrument, tel qu'en
fournissent nos techniques modernes, ne venait
soutenir le bien-fondé de thèses absolument inédi-
tes, parfois incongrues, parfois étonnamment
justes.

La fièvre des départs, l'envie de s'expatrier,
d'où provenaient-elles ? Pourquoi quitter l'île
natale, la campagne bien hersée, familière, la rive
d'où s'élevaient le héron, le faucon migrateur ?

Le morcellement des terres, né peut-être (mais
on retrouve déjà l'inévitable disparité des lots, au
bout de plusieurs générations, l'un ayant cédé sa
part à l'autre qui, de ce fait, devient « riche » par
rapport au premier considéré comme un gueux),

né peut-être d'un accroissement de la population, multiplie le nombre des besogneux, des malcontents, des aventuriers aux dents longues.

Autant d'individus prêts à former un groupe même hétérogène, qu'unit le seul désir de faire fortune.

Dépossédés quelquefois par la guerre ou par des changements politiques, comme les Phocéens, ces Grecs ayant déjà fait souche en Ionie et expulsés par la conquête perse, ou comme les oligarques chassés de Samos par le tyran Polycrate (Pythagore fut dans ce cas), les futurs colons traversent toute la Méditerranée pour s'installer ailleurs. Des familles aristocratiques même peuvent choisir cette forme d'exil, comme des Locriens allant fonder en Italie Locres épizéphyrienne, comme les Héraklides de Corinthe essaimant jusqu'en Sicile, ou les bien-nés d'Argos à Rhodes.

Mirage d'immenses pays neufs ! A peine débarqués, les arrivants se partagent la terre arable et les pâtures. On souhaite toujours de l'eau douce à proximité, un sol vite ameubli où semer l'orge et le blé, des collines bien orientées pour la vigne et pour l'olivier, du bois de chauffage où poser la broche et la marmite. Ah, les cris d'enthousiasme des Mégariens devant les terroirs plantureux de la rive asiatique, au Bosphore ! Ah, la tremblante émotion du paysan achéen qui aperçoit la Cyrénaïque ou les plaines de la Sicile, ou encore celle de

Sybaris en Italie, qu'irrigue à profusion un fleuve torrentueux, rompant ses digues, le Krathis !

Quant à ceux qui ne se sentent pas l'envie de manœuvrer l'araire et l'attelage de bœufs, ils se font mercenaires à l'occasion, comme ces naufragés que le roi Psammétique, en Egypte, prit à son service, vers le milieu du VIIe siècle.

La piraterie comportant les risques d'une fin hideuse, après des supplices divers, il vaut mieux se faire trafiquant. Il vaut mieux construire une enceinte de boue et de troncs non équarris, pour y mettre en sécurité le chargement qu'on débarque.

Les Grecs qui ont fondé Zanclè (Messine) sont des gens en quête de bonnes aubaines, capables d'ailleurs d'enlever des autochtones isolés pour les revendre en esclavage, sur les marchés fameux de Cypre, de Chios ou d'Olbia.

Les établissements (environ quatre-vingt-dix) qu'ont créés les Milésiens sur les rives du Pont-Euxin ne sont, d'abord, que des comptoirs, où l'on vit selon les usages grecs, mais sans que nulle mainmise n'ait été tentée sur l'arrière-pays. Et si à Sardes, en Lydie, eurent lieu beaucoup de mariages mixtes, c'est qu'il y avait des affinités entre les Grecs et ces Asiatiques à l'esprit subtil et aux façons élégantes.

Comment, d'un coup, prendre mesure du trafic maritime ininterrompu, portant d'ici à là, pendant deux siècles, des conquérants qui ne voulaient pas la guerre, mais s'appropriaient des territoires et y prospéraient entre Grecs ?

Evidemment, on rêvait de se rendre dans les lieux mêmes d'où provenaient les richesses : de Lydie, la Grèce recevait des métaux, des étoffes bariolées, des chevaux, des mules, des esclaves ; de Cypre, le cuivre ; de Naukratis, implantation grecque unique en Egypte, où les représentants de douze cités ou îles grecques vivaient côte à côte, venaient le sel, le natron, l'alun, l'albâtre, le papyrus, les onguents, les étoffes et les parfums d'Arabie, l'encens, l'or, l'ivoire et l'ébène apportés du cœur de l'Afrique par les caravanes ; de Cyrène, le silphion et des chevaux fougueux ; du Pont-Euxin, les poissons séchés, le blé, les fourrures, le fer, le bois de construction, les esclaves ; de l'Adriatique, l'ambre ; des pays ligures et de l'Ibérie, l'étain qu'on acheminait depuis des contrées dont les Phéniciens gardaient le secret.

Où se poster, et quelles relations établir avec leurs détenteurs, pour bénéficier d'un pareil butin qui enfiévrait de convoitise les mangeurs d'arbouses et de miel sauvage, de grives et de lièvres bâtonnés ?

Au plus près, on colonise la Thrace, et ce sont les gens de Chalkis d'Eubée, qu'on retrouvera aux îles Pythékoussaï (Ischia) et à Kymè (Cumes), qui s'implantent en Chalcidique pour y profiter de la vigne, des céréales, du bois et de la résine nécessaire à la construction des navires, de l'or et de l'argent.

Puis tous les Grecs d'Asie, depuis longtemps
établis à Kymè d'Eolide, à Phocée, à Ephèse, à
Priène, à Milet, en proie de nouveau aux luttes de
classes, et se sentant à l'étroit dans leurs limites,
exactement comme ils l'avaient été dans leur pays
d'origine, à l'étroit aussi dans leurs traditions, se
ruent en tous sens vers les contrées septentrionales
et orientales, et aussi vers l'Occident.

Bien entendu, les colons n'hésitent pas à
employer la ruse et la trahison. Ce n'est pourtant
qu'en cas d'extrême nécessité qu'on en arrive à
massacrer, à expulser les indigènes qu'il est préfé-
rable de réduire en servage, afin qu'ils cultivent
leur propre sol au bénéfice des nouveaux venus.
Ainsi des Killikyriens à Syracuse, des Oinotriens
en Italie du Sud, des Bithyniens à Byzance. Pourtant certains résistent, et les Sicules nargueront
longtemps les forces grecques, du haut de leurs
montagnes siciliennes.

Cumes restera le point extrême atteint en Italie,
et les marchands de Cumes témoigneront, par-delà
mers et terre ferme, de la vitalité des Chalcidiens
qui ont quitté leur métropole dès le milieu du VIIIe
siècle.

Il appert que les liens entre métropoles et colonies restent non seulement d'ordre économique —
même si le temps les relâche presque toujours —
mais d'abord d'ordre religieux (l'exemple de
Tarente fondée par les Lacédémoniens restant unique, puisqu'il s'agit des fils honteusement mis au

monde par les Lacédémoniennes, qui les avaient conçus avec des esclaves, en l'absence de leurs époux que la guerre avait retenus au loin quelque dix années...).

Etrangeté des choix qui ne semblent pas toujours correspondre aux vertus caractéristiques de la cité mère. Pourquoi Corinthe, la « cosmopolite », toute marquée des belles imageries venues de Perse, de Colchide, de Lydie, de Syrie, de Cypre, donc plus orientale que la plupart, n'a-t-elle fondé qu'une seule colonie vers le Levant, en Chalcidique, à la fin du VIIIᵉ siècle : Potidée ? Et pourquoi s'est-elle résolument implantée vers le couchant, vers cet Occident que le *Livre des Morts* égyptien qualifie de « bienheureux » ?

Voici, en ne tenant compte que des principales cités, une chronologie évidemment succincte mais qui permet d'avoir quelques points de repères :

VERS L'OCCIDENT

Cité mère :	Chalkis	
cités filles :	les Pithékoussaï (Ischia)	vers 737
	Cumes (Italie)	757
	Naxos (Sicile)	vers 757
	Catane (Sicile)	
	Léontinoï (Sicile)	
	Zanclè (Sicile)	vers 740-730
	Rhégion (Italie)	

(Zanclè ayant, à son tour, fondé Himère vers 650.)

Cité mère :	Corinthe	
cités filles :	Kerkyra (Corcyre)	733
	Syracuse (Sicile)	733
	Leukas (Leucade, Acarnanie)	VIIe s.
	Apollônia (Epire)	VIIe s.
	Ambrakia (Epire)	VIIe s.
	Anactorion (Acarnanie)	VIIe s.

(Syracuse à son tour fonde, entre autres, Camarine au début du VIe siècle ; et Corcyre fonde Epidamne.)

Cité mère :	Phocée	
cités filles :	Tartessos d'Ibérie	VIIe s.
	Malaga	VIIe s.
	Ampurias	VIIe s.
	Massalia (Marseille)	vers 600
	Agathè (Agde)	après 600
	Olbia (Hyères)	après 600
	Antipolis (Antibes)	après 600
	Nikaia (Nice)	après 600
	Alalia (en Corse)	545
	Elée (en Lucanie)	540

Cité mère :	Rhodiens et Crétois	
cité fille :	Gela en Sicile	début VIIe s.

(Gela, au début du VIe s., fonde Akragas-Agrigente.)

Cité mère :	Mégare	
cité fille :	Mégara Hyblaea en Sicile	vers 730

(Mégara Hyblaea fonde à son tour Sélinous-Sélinonte, au milieu du VIIe s.)

Cité mère :	Colons d'Achaïe et de Trézène	
cité fille :	Sybaris	720

Cité mère :	Lacédémone	
cité fille :	Tarente, unique colonie de Sparte	fin VIIIe s.

Cité mère :	Locriens	
cité fille :	Locres épizéphyrienne (Italie du Sud)	vers 620

VERS LE NORD (Thrace)

Cité mère :	Chalkis	
cités filles :	Torôné	première
	Méthonè	moitié du
	Mendè	VIIIe s.

Cité mère :	Ioniens de Chios	
cité fille :	Marônéia	milieu du VIIe s.

Cité mère :	Corinthe	
cité fille :	Potidée	fin du VIIIe s.

Cité mère :	Ioniens de Téos	
cité fille :	Abdère	milieu du VIe s.

Cité mère :	Eoliens	
cité fille :	Samothrace	VIIIe-VIIe s.

HELLESPONT-PROPONTIDE

Cité mère :	Milet	
cités filles :	Cyzique	VIIIe s. et 676
	Abydos (Troade)	VIIe s.
Cité mère :	Phocée	
cité fille :	Lampsaque	VIIe s.
Cité mère :	Mégare	
cités filles :	Chalcédoine	676
	Byzance	660
Cité mère :	Ioniens de Samos	
cité fille :	Périnthè	600

PONT-EUXIN

Cité mère :	Milet	
cités filles :	Sinopè	630
	Olbia	milieu VIIe s.
	Istros	milieu VIIe s.
	Odessos	fin du VIIe s.
	Apollônia	fin du VIIe s.
	Amisos	VIe s.
	Trapézous (Trébizonde)	VIe s.
	Phasis	VIe s.
	Dioscurias	VIe s.
	Panticapéia	moitié du VIe s.
	Théodosia	moitié du VIe s.
	Tanaïs	fin du VIe s.

Cité mère :	Mégare	
cités filles :	Hérakléia	560
	Mésembria	510
	Khersonesos (Chersonèse)	422

LIBYE

Cité mère :	Théra	
cité fille :	Cyrène	631

(Cyrène fonde à son tour Barcè et Euhespéride.)

EGYPTE

Cités mères :	douze cités dont Milet, Phocée, Cnide, Halicarnasse et les îles de Samos, Chios, Rhode, Egine	
cité fille :	Naukratis	dernier quart du VIIe s.

Cette énumération trop brève tente de situer les partants et leur lieu d'implantation, de dénombrer les cités qui, plus que d'autres, s'engagent dans une entreprise d'occupation pacifique ou belliqueuse, sur des territoires généralement vierges de l'empreinte hellénique.

Mais pour en revenir à l'Ionie qui scintille juste de l'autre côté de la mer Egée, comme un miroir où la Grèce originelle se voit en plus

étrange, en plus somptueux, en plus audacieux
aussi, quant aux mœurs et à la pensée, *on se
demande pourquoi toutes les cités jalonnant la
côte ne se sont pas unies pour former un Etat
grec,* solidement capable de se défendre contre
les Barbares. Prudence et ruse, dans la pure tradition, devant plus fort que soi ? Il se peut. Mais
bien davantage faut-il y voir l'émulation, le goût
pour la chicane qui dressait déjà, dans la métropole, tout propriétaire d'un lopin de terre contre
son voisin. Chaque cité d'Ionie a prétendu indi-
viduellement être la première. Halicarnasse
comme Milet, Mycale comme Priène ou comme
Ephèse n'eussent en rien accepté l'ingérence
dans leurs affaires de Colophon, de Smyrne ou
de Clazomènes.

Néanmoins les douze cités célébraient en commun des fêtes religieuses dans le sanctuaire de
Priène.

Certes, de critiques à l'égard d'Athènes ou de
Corinthe, les Ioniens se montraient aussi capables
que leurs frères restés au pays. A part cela, nulle
fraternité véritable. Un seul osa lancer le cri
d'alarme pour qu'on fît front commun contre le
Lydien, le Cimmérien ou le Perse, qui avaient déjà
allumé le feu des incendies. Un seul, qui se nommait Thalès de Milet, et qui proposa une alliance
générale, n'aliénant en rien les libertés individuelles.

Mais on renvoya sans ménagement le trop célèbre personnage à ses calculs relatifs aux éclipses.

Les institutions

Inégalable donc, chacune des cités prétend
l'être.

Ephèse, vouée à Artémis, port sacré qui dessert
la « route royale » allant de Sardes à Suse où siège
le Grand Roi, est le repaire des manieurs de fonds,
des banquiers, si opulents que le futur roi de
Lydie, Crésus, leur emprunte de quoi lever toute
une armée. Quand on songe à cette métamorphose
que représente dans la conscience religieuse l'Artémis, de Vierge chasseresse, devenue la Grande
Mère aux opulentes et nombreuses mamelles (les
déesses crétoises, aux seins nus, avaient rempli, à
mille ans de là, le même office), on s'étonne de
l'extrême souplesse de l'esprit grec pourtant si
jaloux de son patrimoine, face aux pays barbares.

Même brassement de conceptions, sans que nul
ne s'en offusque, à Colophon où l'Apollôn Clarios
et son oracle voisinent avec l'étrange Artémis
Ephésia.

Sous l'oligarchie des mille cavaliers, Colophon
étale ce luxe oriental et cet esprit de jouissance
à quoi succombent les descendants des premiers
colons frugaux. Lesquels se plaisent aux specta-
cles donnés par de lascives danseuses, avec

accompagnement de flûtes et de cithares, depuis l'aube jusqu'à l'heure des banquets, et cela entièrement aux frais de la cité !

De Clazomènes, tout aussi opulente, les potiers restent fameux par la fabrication de sarcophages décorés de peintures somptueuses.

Mais c'est de la Constitution de Chios, l'île aux vins excellents, transportés dans des *pithoï* jusqu'à Naukratis, que Solon s'inspira, de manière plus que surprenante, pour assurer en 594 l'établissement à Athènes d'une assemblée, d'un conseil et d'un tribunal populaire.

Une fois de plus, l'initiative hardie est venue d'une cité d'Eoliens restés attachés aux cultes de la Béotie et de la Thessalie.

Le meilleur ici côtoie le pire, puisque Chios, pour la première fois dans l'histoire grecque, instaure un marché officiel d'esclaves, alimenté par les guerres, la piraterie, les razzias. Ignominie qu'en ce temps-là nul ne juge à notre manière.

Enfin paraît Milet, plus haute et plus hautaine que les autres cités, semble-t-il. Très ancienne, puisque, dès avant le IXe siècle, fusionnèrent sur son sol les autochtones cariens (dont les femmes connaissaient les façons orientales de se parer) avec des immigrants venus de Crète et avec des Achéens.

Milatos de Crète, Sarpédon de Lycie, Néleus de Pylos y apportèrent tour à tour le feu pris au temple de leurs cités, très dispersées, comme on le voit, dans le monde grec.

On y édifia des temples à Athèna, à Apollôn Delphinios, et des danseurs sacrés, les *molpoï*, mêlèrent, dans leurs transes rituelles, les apports asiatiques à ceux du fonds égéen. Les quatre tribus dominantes étaient celles des Ioniens et, pêle-mêle, on faisait entrer dans les deux autres tout ce qui venait d'ailleurs.

Milet excelle aussi bien sur terre que sur mer où, au VIIIe siècle, sa flotte lui permet une expansion inégalée vers le nord, dans le Pont-Euxin, avec des ancrages où commercer, que ce soit vers Naukratis d'Egypte ou vers Sybaris en Italie du Sud.

Son port aux lions l'ennoblit, ses temples et ses portiques, ses ateliers où travaillent des milliers d'esclaves, et qui produisent des tapis somptueux, des étoffes extrêmement fines et des lits réputés pour leur agrément et leur décor.

Milet se permet une arrogance vis-à-vis de ses voisins barbares et même d'Athènes, qu'on tolère. Qu'on ne tolérera pas longtemps, puisque les destructions qu'entraîne la première guerre médique la mutilent et la déshonorent. Quoi qu'en dise Hérodote, le joug perse ne lui permet plus que de se survivre à elle-même.

Comment ne pas susciter, aussitôt après ceux d'Ephèse et ceux de Milet, les mirages de Samos, l'île aux beaux vignobles, l'île vouée à Héra, dont le temple colossal, à double colonnade, mesure cinquante et un mètres de large sur cent deux mètres de long ? Bien entendu, Samos s'opposa, avec la dernière vigueur, à l'hégémonie de Milet, et la rivalité entre Grecs put aller jusqu'à une alliance honteuse avec l'ennemi commun, le Perse.

Vers 603, Samos brave Milet en s'établissant à Périnthos, Héraion Teichos, Bisanthè, en Propontide donc, ce qui lui permet de surveiller, et de gêner au besoin, le trafic maritime vers le Pont-Euxin, où Milet triomphe impunément.

Samos parvient à étonner même l'Attique par les travaux de ses métallurgistes et de ses orfèvres, par ses vases décorés de griffons, et un certain Théodôros a rendu son nom impérissable grâce au platane et à la vigne d'or qu'il cisela pour Darios.

Bien entendu, comme à Milet continuent à poudroyer, dans une lumière dorée, quintessenciée, les spéculations géométriques de Thalès, à Samos c'est l'austère, c'est le très beau visage d'un Maître qui surgit. Ici Pythagoras a perçu l'invite d'une perfection qui hantera toujours les humains ; d'ici, il s'est embarqué pour parcourir le monde, avant de se fixer très loin, dans l'aventureuse Grande Grèce. Sans doute se joignit-il à des marchands samiens en route vers Rhodes, vers Cypre, vers Naukratis, et même Carthage. La légende lui prête les mêmes curiosités qu'à Hérodote d'Halicarnasse, que Samos accueillit plus tard, avant son

installation définitive à Thourioï. L'un comme
l'autre ont fui l'Egée et ses sempiternelles rivali-
tés. Ils ont choisi l'*ailleurs* pour un recommence-
ment fructueux.

Corinthe

Il est toujours licite de revenir sur quelque point
particulier, parmi ces constats trop brefs, nécessai-
rement hétérogènes, mais qui soulignent la singularité de la Grèce d'avant Périklès. Grèce
dénommée archaïque, par opposition. Et pourtant
c'est là que s'enracine la plante toute chargée de
sucs, de succulences !

Qu'une parenthèse de pure délectation nous soit
accordée en ce qui concerne Corinthe. En ce qui
concerne Cypre, prise à part comme un lieu où
coexistent, vaille que vaille, Grecs et non-Grecs,
donc Barbares, mais dont le degré de civilisation
peut être tenu pour équivalent.

Présenter Corinthe d'abord, sans autre justifica-
tion que l'attrait d'un raffinement non dénué de
solidité rustique, d'une générosité dans les trou-
vailles, les imageries, la manière d'assimiler les
apports d'une populace qui navigue beaucoup.
Plaisir de cette naïveté habile.

Corinthe est exceptionnellement pauvre, à l'origine, sise au fond d'un golfe, mais à califourchon

sur l'isthme très étroit faisant communiquer le nord et le sud de la Grèce.

Peu d'élevage et encore moins de vin. Absolument pas de minerais. Mais une terre à potier dont la finesse et la couleur ambrée ne se retrouvent nulle part ailleurs.

La place occupée jadis, dans le monde mycénien, elle la retrouve grâce à l'aménagement d'un passage entre les deux côtes, que les navires franchissent sur des rouleaux. Ainsi est évité le cap Malée où beaucoup naufragent, et c'est de cette particularité locale, la rendant dominante, que Corinthe tire assez d'avantages pour commercer et coloniser.

Soumise à Argos jusqu'au VIIIe siècle, elle s'émancipe. Le tyran Kypsélos met fin aux accaparements d'une aristocratie qui détenait tous les capitaux et avait fondé Surakousa (Syracuse). Son fils Périandre, à la tête d'une cité devenue extrêmement prospère, essaie en vain de percer l'isthme. Travaux où périssent, à milliers, ceux qui creusaient sous la contrainte.

A présent, deux flottes de guerre mouillent, l'une dans le golfe Saronique, l'autre dans le golfe de Corinthe. On édifie pour Apollôn un temple dorique. On célèbre Dionysos par des dithyrambes solennels. La ville est dominée par une acropole haute de cinq cent soixante-treize mètres, et elle s'enorgueillit de ses bronzes, en particulier du fameux casque corinthien, de sa

céramique, de ses parfums, de ses tissus teints
à la pourpre. Enfin, au VIe siècle, Corinthe
invente la trière, devenue d'un usage universel
à travers la Grèce. Au printemps, elle célèbre
en grande pompe ses jeux dénommés jeux Isth-
miques, en l'honneur de Poséidôn, et dont l'origine est très ancienne. A partir de 581, la
deuxième et la quatrième année de chaque olympiade, il y a particulière affluence de spectateurs,
près d'un bois de pins, pour des concours de
cithare et de flûte, des luttes athlétiques et des
courses de chevaux. Puis les navires rivalisent
de vitesse, dans la rade toute proche.

Rien que de très conforme aux usages grecs et
aux modalités d'un harmonieux développement.
Mais ceci néanmoins étonne : pourquoi Corinthe,
plus éloignée de l'Ionie qu'Athènes ou Argos ou
Trézène, fut-elle, plus que d'autres, orientale,
orientalisée par ses propres choix ? A la manière
de Rhodes, elle adopte exclusivement les motifs
qu'on retrouve en Perse, en Assyrie, en Phénicie ;
sa poterie plaît à cause de la juxtaposition, de
l'abondance et même de la surabondance des figu-
rations animales et végétales. Cette poterie est
toute ponctuée de roses, de palmettes, de griffons
ailés, de lotus, de sphinx, de sirènes, de coqs, de
bouquetins, de cygnes, de panthères. Chez ces
Doriens de Corinthe, si différents des Doriens de
Lacédémone, quelle passion pour une telle plénitude décorative ! Et pourtant, dans la Laconie du

VIe siècle, la tendance avait été la même, mais extrêmement fugace.

Certes on constate alors en Grèce, un peu partout, un goût semblable pour ce qui vient des pays du Levant. Mais à ce point-là, à ce point d'amalgame presque excessif, comme si tous les éléments de la Création devaient coexister, dans leur beau jeu, dans leur saisissante apparition — à ce point-là, on ne retrouve rien de pareil ni en Attique ni dans le Péloponnèse.

Néanmoins, l'active et lascive Corinthe est la seule des grandes cités à n'avoir pas été admise en Egypte, dans ce comptoir collectif qu'était Naukratis. Elle est la seule aussi à ne fonder, comme on l'a déjà vu, qu'une seule colonie vers l'est, Potidée, et aucune sur le continent asiatique. Tout son effort d'expansion a porté vers les terres occidentales.

Mystérieux reflets d'un Orient tout intérieur, exalté jusque dans ses cultes qui outrepassent les bornes du licite, puisqu'on adore, sur le sol grec même, l'Artémis d'Ephèse et non celle de Délos, et qu'on élève un temple à la Grande Mère, c'est-à-dire à la Cybèle de Phrygie. Enfin le dieu phénicien Melkart se dissimule, sous le couvert d'une vague homonymie, avec une divinité béotienne. Et pour combler la mesure (ou plutôt la démesure qui ne suscite même pas l'ire des divinités olympiennes), Aphrodite, par contamination avec Astartè, l'Ishtar phénicienne, est dotée de dix mille courtisanes, offertes à tous, terriens et marins. Tolérance qui ne peut s'expliquer que par l'afflux des étrangers, toujours bien accueillis, et par le fait que les navires corinthiens sillonnaient toutes les mers. Corinthe, ville « cosmopolite » à coup sûr, mais au péril de la continuité raciale ? Il semble que non, puisque Corinthe sut se défendre à travers ses promiscuités mêmes, qu'elle trouva le difficile équilibre entre le trop et le trop peu. Bel exemple pour nous. A en juger par la manière dont elle œuvra, Corinthe fut une cité heureuse.

La réponse à l'énigme posée par cet exceptionnel « mariage » avec l'Orient, se trouve exposée à Delphes, dans l'un des innombrables édifices avoisinant le temple d'Apollôn : des offrandes lydiennes, datant de l'époque de Crésus, voisinent avec celles des Cypsélides, dans le trésor même des Corinthiens. Des liens donc, nés d'un choix mutuel, existaient bien entre l'Asie et Corinthe.

Avant de débarquer sur le rutilant, l'opulent terreau où fleurit le minerai roux d'Aphrodite, le cuivre de Cypre (car le minerai, en terre, naît et croît, comme toute autre créature ; et n'est-il pas curieux qu'à Cypre le pain aussi est roux et particulièrement savoureux ?), peut-être est-il opportun de rappeler que les Grecs, dans leur désir perpétuel d'expansion butèrent souvent contre plus forts qu'eux.

L'espace n'était pas libre du côté de l'Orient. A Cypre, les Phéniciens ne se laissèrent pas déloger, et ne cédèrent nullement leurs comptoirs de la côte méridionale.

En Pamphylie, sur le continent, Aspendos, Sidè et Pergè, fondées par les Doriens, acceptèrent honteusement des coutumes qui n'avaient plus rien de grec, alors que, dans la Cilicie voisine, on continua à célébrer les rites ancestraux.

Quand les Assyriens envahirent la Palestine, un affrontement local se produisit entre quelques Grecs téméraires et le roi Sargon, vers 720, dont les Grecs ne sortirent pas à leur avantage. Première annonce de ce que seront, plus tard, les guerres médiques.

Fondé au XIIe siècle, sur les ruines de l'Empire hittite, le royaume de Phrygie entretint avec les intrus venus de Grèce des relations presque satisfaisantes. Un roi de la dynastie de Midas épousa une jeune fille appartenant à la noblesse de Kymè, toute proche de Phocée (cette Kymè qu'on retrouve ensuite en Grande Grèce, cette Cumes de la Sibylle ! Pérennité des appellations, puisque le fleuve Sybaris, en Italie du Sud, a également, comme origine patronymique, un cours d'eau situé aux environs immédiats de Delphes).

Mais il en est tout autrement avec les Lydiens, surtout au temps de Gygès. Ce jeune roi ambitieux, qui s'est emparé du pouvoir vers 683, dans des circonstances narrées par Hérodote dans son

Enquête, juge habile de se gagner l'amitié des Grecs d'Europe, en envoyant des présents aux sanctuaires. Sa cour est luxueuse ; il donne des fêtes, il édifie des palais.

C'est par la guerre qu'il entend se dédommager de ses munificences. Après s'être emparé de Colophon et de Magnésie, il attaque Smyrne et combat Milet. D'Ephèse, il fait une manière de succursale pour son propre commerce.

Après l'invasion cimmérienne de 676 où même Gygès, qui s'était allié aux redoutables Assyriens pour obtenir leurs secours, est tué juste avant la prise de Sardes, les pillards tiennent le pays jusqu'à Sinôpè d'où on les débusque vers 630.

Des ruines renaissent les bazars, les échoppes, les fastes d'antan, principalement à Sardes. Leurs fabuleuses richesses, nées en partie de l'or du Pactole, permettent aux Lydiens de guerroyer à nouveau contre les Grecs, à Milet principalement où sont saccagées les moissons, chaque année, au son des flûtes.

Milet doit se soumettre. La Lydie, gouvernée par Crésus, étend sa domination de la Propontide à Rhodes, et Crésus, comme l'avait fait Gygès, comble d'offrandes et Corinthe et Sparte et Delphes, au point que les Delphiens accordent aux Lydiens, privilège suprême, le droit de cité.

La domination lydienne, sous un Crésus, de barbare devenu bienfaiteur des Grecs, est donc si amène et si respectueuse qu'Ephèse, la ville des prêtresses parées à la mode orientale et des banquiers faisant circuler les pièces d'argent frappées au griffon d'Abdère, à la tortue d'Egine, à l'Ammon-bélier de Cyrène, ne verse qu'un modeste tribut.

Les Lydiens influents se targuent de converser en grec ; il y a des mariages mixtes. C'est de Sardes que vint le poète Alcman. En bref, la Lydie et les Grecs mirent en commun ce qu'ils avaient acquis dans le domaine des arts et des sciences : l'apport mésopotamien, extrêmement ancien (musique, astrologie, premières cartes établies à Babylone des pays proches et lointains), avoisinait avec la profusion des techniques traditionnelles (céramique, architecture, sculpture, tissage) dont les Grecs firent leur profit, friands de nouveautés comme ils l'étaient. Et de ces nouveautés peut-être plus encore que des richesses dont elles devenaient cause.

Enfin la cité d'Ephèse fut l'une des premières qui façonna sa propre monnaie, représentant l'abeille d'Apollôn, et cela dès le VIIᵉ siècle.

Cypre

Ayant fait le tour de ce qui à distance la façonne et la menace, l'inspire mais l'inquiète, revenons-en à Cypre (la future Chypre), mystérieuse, luxuriante, coloriée, tout imprégnée des senteurs du nard, de la myrrhe importée d'Arabie, de la cinnamome, et de ses pavots enivrants, brûlés devant les dieux.

Cypre est une île plus vaste que la Crète qu'on peut apercevoir, quand la lumière est favorable, depuis les côtes de la Cilicie. Si Borée souffle sans relâche, il faut moins d'une journée pour traverser jusqu'aux roches d'en face.

Au-dessus de la plaine médiane, s'élève le mont Troodos, presque aussi haut que l'Olympe thessalien. Au temps de Pythagore, quand les gouvernements démocratiques s'instaurent un peu partout, Cypre est encore divisée en neuf royaumes, et l'un des rois prétend descendre d'Ajax. C'est qu'au retour de la guerre de Troie les Arcadiens furent déportés par une tempête et fondèrent Paphos, au sud de l'île.

Mille ans plus tard, la langue grecque parlée sur les lieux charrie mots et tournures propres à l'Arcadie.

Qui ne se rappelle enfin qu'Aphrodite, que Kypris, déesse des navigateurs grecs avant d'être considérée par tous comme la déesse de l'Amour, éprise de l'éternellement jeune Erôs, est née à Cypre ?

Une île donc assez proche de cette Lycie où un Telchine de Rhodes édifie sur le fleuve Xanthos un temple à Apollôn lycien, vers le XIVe siècle, de cette Lycie où le Crétois Sarpédon, le Corinthien Bellérophon viennent chercher l'or et l'argent.

Sargon, roi d'Assyrie (722-705) qui détruisit le royaume d'Israël, désignait le massif du Taurus comme la montagne d'Argent. Et sur la côte, cette fois avoisinante, située au levant, en Syrie, le fleuve Oronte roule des grains d'or.

L'idée de ces richesses que recèlent mines et cours d'eau enfièvre les colons grecs installés depuis très longtemps.

S'y joignent à Cypre, génération après génération, ceux qui fuient les villes ioniennes, après la chute de Crésus, les artisans et les paysans dépossédés.

Le damier des cités neuves s'inscrit çà et là, dans un paysage extrêmement boisé à l'origine et où le blé, l'orge, l'olivier et la vigne, le grenadier, le figuier alternent avec les petits jardins où poussent un ail fameux, la blette, la laitue, les pois chiches, la sauge, le basilic, le myrte cher à Aphrodite.

Des femmes, dévotes d'Adônis, le bel adolescent phrygien qui meurt et renaît chaque année, font pousser dans un pot les plantes rituelles, vite germées et aussi vite fanées.

Bien entendu, le vin de Cypre est parfumé à la rose, à la violette, à l'absinthe, à la myrrhe, au safran, à la cannelle. C'est le « nectar » des dieux, somme toute.

Pour le navigateur, sur la mer s'élève l'appari-

tion chatoyante de cette île aux usages demeurés
volontairement archaïques, et dont l'art, les costu-
mes sont chargés de séductions baroques. A Cypre
se côtoient les plus étranges personnages, venus
d'horizons insoupçonnés.

Mais Cypre *(Kupros*, nom qui est aussi celui du
henné cultivé dans l'île) est en premier lieu célé-
brée pour son minerai de cuivre, qu'on exploite et
achemine vers la Grèce depuis le XIIIe siècle. Et le
maniement redoutable d'un feu extrêmement
ardent, puisque le cuivre ne se fluidifie qu'à plus
de mille degrés, requiert la protection de mythes
et de secrets initiatiques.

Aux compagnons de Tubal Caïn, qui œuvrent
en Cilicie, correspondent, à Cypre, les fils d'Héphaïstos, ou les descendants des Telchines de Rhodes. Les uns comme les autres capables, en tant
qu'habiles magiciens, de guérir ou faire trépasser,
juste en jetant des sorts.

Ici se place, dans la vie des hommes, l'apparition du miroir.

C'était, jusque-là, l'eau des rivières qui donnait
à chacun révélation de sa propre apparence. On se
découvrait du dehors, soudain, avec le regard
même des autres. On en était évidemment conforté
dans l'idée de sa propre existence.

Mais l'eau, avec ses rides et ses remous dus
au vent, était un instable informateur. Peut-être le
bouclier de bronze présenta-t-il, le premier, des
reflets devant lesquels chacun dut être frappé de

stupeur. Qui était là, qui venait d'apparaître furti-
vement ? Soi-même ou la semblance d'un dieu ?

A Cypre, les ouvriers du cuivre façonnaient des
disques montés sur un manche. L'aloi devait en
être assez pur, assez bien lissé pour qu'on y con-
templât son visage.

Plus que de coquetterie il s'agissait d'identité.
Plus que d'identité, il s'agissait de l'entrée dans
un autre monde, celui de l'impalpable, puisque la
chair n'y était pas, mais seulement l'émanation de
cette chair, donc l'âme elle-même. Et alors la chair
estompée après coup retournait à sa condition pré-
caire non de cause mais de substitut. L'âme rayon-
nait en pleine absence originelle.

C'est pourquoi le miroir, en soi porteur d'un
phénomène apparenté à l'initiation, avait aussi un
caractère sacré. Il demeurait instrument périlleux
de communication avec les morts, de découverte
de l'avenir. Dans un miroir tremblent et perdurent
les vibrations de ce qui a été et de ce qui sera.
Aphrodite-Cypris, en interrogeant son image toute
vive, dans ses brillances et dans ses ombres, fait
acte divinatoire, et elle le sait.

Le verre existait depuis la plus haute antiquité,
en Egypte et à Babylone. Ce verre, lié pour nous
à la fabrication de miroirs sans tache, accueille à
plein le monde des apparences. Mais on ne savait
pas encore quel parti tirer d'un matériau rendu
translucide, après l'opacité du sable. Tâtonne-

ments des approches, suivis de l'éclair d'une
invention tardive où la subtilité est à son comble.

Les artisans de l'île passent aussi, dès Homère,
pour travailler, plus savamment qu'ailleurs,
l'ivoire et l'ébène venus d'Egypte. Les tombes
voûtées de Cypre se referment, après les funérail-
les royales, sur des joyaux, des lits d'apparat, des
sièges marquetés.

Depuis l'époque mycénienne, la vaisselle s'orne
des plus fraîches colorations, où le blanc pur
éclate.

Des bleuets en pâte de verre sont incrustés dans
l'ameublement, des fines feuilles d'or, des pan-
neaux d'ivoire, des plaques d'argent où figurent
des sphinx égyptiens, des lotus, des arbres de
Perse.

En ce pays où la profusion et le raffinement
devraient mettre l'homme qui les suscite à l'abri
de tous les dangers, protégé qu'il est par les dieux,
la terre tremble et tarit les sources, fait s'écrouler
les palais. Et les invasions assyriennes n'épargnent
personne.

Les guerres intestines, entre les neuf royaumes,
les haines raciales ensanglantent les cités grecques
d'origine ionienne, les établissements sémites et
phéniciens. Bras liés derrière le dos, en longue
file, les prisonniers sont convoyés vers l'Euphrate
où ils mourront d'épuisement en façonnant des

briques pour les remparts. Les femmes seront vio-
lées, éventrées, ou emmenées pour servir d'objets
de plaisir dans les gynécées de l'Orient.

Cypre, l'île sensuelle, odorante et bigarrée qui
goûte dans le ravissement sa propre beauté, qui
exalte l'éclat fauve du cuivre et du henné dont les
femmes teignent leurs cheveux, n'est-elle que fan-
tomatique construction que les dieux destinent,
comme toutes les autres, au néant ?
Il se peut. Mais il se peut aussi que Dionysos
allume, grâce au vin follement doux, qui apaise
les brûlures de la soif et les suscite, un élan qui ne
s'éteindra jamais. Il se peut aussi que la Grande
Mère, crétoise aussi bien que phrygienne, la
Dèmèter qui propose à l'adoration des fidèles une
fleur de pavot, comme l'ultime remède, règne sur
Cypre encore plus qu'Aphrodite.
Car Dèmèter sait de quelles douleurs physiques
et morales l'humanité, qui feint une légèreté de
bon augure, reste et restera accablée. Elle a, toute
première, connu les affres du deuil. C'est le pavot
plus que le vin, c'est le pavot et le vin qu'elle et
Dionysos offrent comme la plus sûre des consola-
tions.
Du pavot de Cypre, le pavot blanc, quel colon
grec n'a humé l'odeur délirante et apaisante à la
fois ? Odeur mortelle, sans doute. Mais Dèmèter
comme Dionysos ne sont-ils pas, l'un autant que

l'autre, porteurs des vérités de mort et de résurrection ?

C'était donc là qu'il fallait en venir : au pavot
que Dèmèter, dans nombre de représentations,
offre en silence à ceux qui la prient.

En Crète, le pavot était cultivé depuis le XIVe
siècle, pour des usages religieux ; les déesses tiennent en main la fleur séchée contenant des graines.

Il apparaît de manière indiscutable que le pavot,
auquel s'ajoutaient peut-être la jusquiame, la
fausse-oronge, hallucinogènes puissants, faisaient
partie des ingrédients utilisés pour la mise en condition des initiés dans les Mystères d'Eleusis.
L'opium aidait à l'éclosion d'une béatitude, à la
découverte d'une apesanteur ensuite inoubliables.

A Cypre donc, les petits champs de pavots aux
pétales blancs poussent à l'abri des sycomores et
des platanes crétois. On en récolte avec soin le suc
laiteux qui, en durcissant, prend une odeur âcre,
inquiétante, franchement répulsive. Symbole de ce
produit vénéneux et sacré.

Aux dieux, on offrait des boulettes d'argile
pétrie avec le suc du pavot ; cette coutume, dans
l'île, est avérée depuis l'âge du bronze.

Quand les boulettes se consumaient sur des
charbons ardents, les prêtres et les prêtresses
entourés des fidèles s'enivraient de la fumée, et
percevaient dans ses volutes les formes constam-

ment changeantes, à l'image de l'univers, des dieux et des déesses.

Troublante ressemblance dans le geste de l'offrande : le Bouddha tendit silencieusement, en guise de réponse suprême, une simple fleur à ses disciples qui l'interrogeaient. Mais cette fleur n'était pas un pavot.

Pour en finir avec Cypre où Aphrodite resplendit elle aussi comme un remède, mais combien fallacieux, aux tourments des mortels, quelques mots sur ses dieux qui ont un caractère ambigu, à cause des cultes asiatiques et sémites.

Bien entendu, par contamination, un dieu syrien comme Reshef à la double corne est adoré par les colons grecs sous le nom d'Apollôn Alasiotas. Cependant que Yam, personnification de l'Océan chez les Phéniciens, reçoit l'hommage des émigrés qui l'identifient à leur Poséidôn.

Une fois par an, on baigne dans l'eau des ports une statue en bois d'Aphrodite, comme il est exécuté rituellement à Athènes pour le *xoanon* d'Athèna. Aphrodite a ses prostituées sacrées (coutume en honneur à Corinthe, ne l'oublions pas), et passe pour se livrer aux joutes amoureuses avec le Syrien Adônis, ou avec Arès, le dieu grec de la guerre, ou encore avec Hermès, en ces lieux très ancienne divinité pastorale, de qui elle conçoit l'Hermaphrodite, monstruosité fascinante, considérée par certains comme la fusion espérée de deux pôles ennemis.

A Cypre, la manipulation des serpents et le port des masques passent pour favoriser le commerce avec les Invisibles, leur intrusion à la fois désirée et redoutée dans les affaires humaines.

Le taureau, très anciennement et dans les civilisations les plus diverses, étant gage de fécondité, on organise des processions où les officiants portent des masques, des cornes, des crinières, et dansent comme les adorateurs du Minotaure en Crète.

Aux serpents, dans des fosses, on offre le sang des victimes, mêlé à du lait de chèvre, et au miel des collines.

Devant cette prolifération de coutumes où la perdition plus ou moins menace ceux-là mêmes qui professent la *sophia*, sagesse et savoir, et plus encore peut-être se réfèrent à la *sôphrosunè*, qui est modération au sein de la sagesse, il faut se rappeler qu'un Grec a reçu en partage des dieux un sens très particulier de l'équilibre.

Méfiance due à un instinct de conservation plus sûr que celui des Barbares ? Un Grec n'adhère pas aux déchaînements de certains cultes comme celui de Cybèle et de ses corybantes ensanglantés par les mutilations, les castrations collectives.

Et pourtant Dionysos explose en cris et en transes, au cours de ses fêtes, tête basculée en arrière

et barbe dardée vers le ciel ! Et pourtant, les Erinyes hideuses et hurlantes font irruption jusque sur
le théâtre !

Jeux féconds, mais dangereux, d'une curiosité
toujours en éveil, jeux de ceux qui se demandent
jusqu'où on peut aller trop loin, comme disait le
poète Jean Cocteau, s'identifiant au poète Orphée.

Du pavot qu'on brûle dans les sanctuaires de
Cypre, nul Grec n'a fait l'usage domestique qu'en
Orient on a accoutumé de faire, et qui conduit les
hommes non à une apothéose mais à la déchéance.
Toutefois les propriétés médicinales de la plante
étaient connues et appréciées.

Le *Mèden agan*, le *Rien de trop*, demeure une
référence suprême. Et sans doute le plus beau don
qu'à tous les humains la Grèce a su faire.

Comment s'adresser aux dieux

En ce temps-là, on consultait les Invisibles, on
les priait de s'exprimer par l'intermédiaire des
oracles.

Certes on répugne à parler des augures tirés des
victimes sacrificielles (coutume venue d'Etru-
rie ?), car il y a nécessité d'abattre une créature
comme nous vivante et précieuse.

A l'époque d'Homère, quand l'examen des viscères ne se pratique pas encore, la divination se
fait par le feu, à savoir par l'aspect des flammes

consumant les chairs disposées en offrande sur l'autel.

L'ornithomancie, d'après l'observation du comportement des oiseaux (leurs cris, leur vol, leur allure franche ou louvoyante), est en honneur avant l'époque dite classique où on la délaisse. La chouette d'Athèna, la petite chevêche aux appels aigus, précipités, aux larges yeux circulaires, est de bon augure pour un Athénien. Mais pour lui exclusivement. Elle abonde sur l'Acropole, et plus bas dans les oliviers et les cyprès des jardins d'Aphrodite, dans les marais des Limnaï qui avoisinent le théâtre de Dionysos.

Quatre espèces d'oiseaux sont considérées comme particulièrement aptes à porter des messages : l'aigle et le vautour de Zeus, le grand corbeau d'Apollôn, la corneille d'Héra.

Mille signes se glissent à l'arrière-plan des vies humaines, auxquels il convient d'être attentif : un séisme, une éclipse de lune, un simple éternuement, quelques gouttes de pluie incongrues, la naissance de créatures monstrueuses, une parole entendue au hasard, des éclairs dans la nuit.

A l'origine, les animaux sauvages sont reconnus pour avoir une prescience due à leur instinct, donc divine, donc infaillible. Ils sont primitivement adorés, non seulement en Egypte, comme le rapporte Hérodote, mais aussi en Grèce : le loup d'Apollôn, l'ourse d'Artémis Braurônia, la chouette d'Athèna.

Au commencement était le loup, était l'ourse, ne l'oublions jamais. Même si de ces dieux-là on s'est détourné, avant de se détourner des dieux qui leur succédèrent, ayant cette fois visage humain.

La terre et l'eau, la terre nourricière, l'eau qui purifie et désaltère, c'est de ces deux éléments primordiaux qu'on attend des révélations.

A Delphes, Gè, la terre divinisée, fut consultée avant qu'Apollôn ne s'installât, venu des pays hyperboréens où il retourne chaque hiver, laissant pendant trois mois sa place à Dionysos.

Apollôn est-il, oui ou non, né à Délos ? Il l'est oui et non, pour nous instruire de la vanité, de la pauvreté des certitudes uniques, toute vérité ayant des facettes changeantes et se contredisant elle-même volontiers.

Le plus ancien des oracles connus, dit Hérodote, est celui dont parle Homère, et qui se situe en Epire. Les chênes de Dodone, que tourmentaient les tempêtes et les orages, au pied de hautes montagnes, rugissaient, mugissaient comme la voix même de Zeus. Deux prêtresses appelées « colombes » (et dans le roucoulement des ramiers, quelle réponse d'une netteté parfaite pour qui sait entendre !) interprétaient le brassement torrentueux des feuilles ou leur frissonnement très doux.

De Delphes (les Thessaliens avaient eu, dès l'origine, la présidence des jeux Pythiques ; sans

doute parce que c'était dans la vallée de Tempè,
où Apollôn s'était purifié après le meurtre du serpent Pythôn, qu'on envoyait des adolescents cueil-
lir les branches de laurier dont on ferait des
couronnes pour les vainqueurs), de Delphes donc,
on ne peut dire que ceci : toute la Grèce avait
les yeux tournés vers ce sanctuaire qu'auréolaient
douceur et sauvagerie : douceur de la houle des
oliviers descendant vers la mer, sauvagerie des
falaises rouges comme le sang, et au-dessus des-
quelles tournoient sans trêve, avec une lenteur de
songe, des aigles et des vautours.

Là-dessus, tombant à pic, la clarté extatique
d'Apollôn, les lettres d'or aux frontons des temples, les gradins du théâtre qui escaladent la montagne, l'arôme des cistes, l'étourdissante odeur de
l'encens, l'odeur des chairs brûlées, le cri obsé-
dant, violent et fluide, des sittelles à l'œil fardé
comme l'Isis d'Egypte.

Bien entendu les rois barbares venaient demander à la Pythie de les éclairer sur l'opportunité de
leurs desseins. Les colons ne fondaient jamais de
colonie avant qu'un envoyé ne leur donnât l'ap-
probation du dieu. Plus humblement, les malades,
les inquiets, les endeuillés, les femmes désireuses
d'avoir un fils venaient en pèlerinage jusqu'à Delphes la rocheuse.

Hérodote cite dix-huit sanctuaires possédant un
oracle, dont le très fameux *Didumaion* à Didymes,
près de Milet, consacré à Apollôn, et aussi celui

de Trophônios à Lébadée, en Béotie, celui d'Amphiaraos aux confins de l'Attique, l'un comme l'autre divinités chtoniennes.

D'autres oracles avaient un rayonnement local, tel celui de Dèmèter à Patraï, en Achaïe. Pour ce dernier, on utilisait un miroir descendu jusqu'au ras d'une source et qui, ayant capté le message que recelait la substance de l'eau, donnait sur les maladies des indications révélatrices.

Les songes aussi, les songes principalement, sont une immersion dans l'univers du réel, un univers à multiples perspectives, et dans un temps réversible. Les Invisibles y louvoient et donnent aux humains l'avertissement bénéfique.

Le son rendu par un bassin de métal (Dodone), le vol des abeilles (Delphes), la consultation par les sorts, les dés, les fèves, tout servait à apaiser l'angoisse fondamentale dont les vies grecques, dont les vies humaines sont tissées. Demain, que m'arrivera-t-il ? Réponse occultée, devenue sans objet dès la tombée du jour en question.

Les Jeux

Médication salutaire, et qui le reste : la célébration des Jeux.

Par milliers les spectateurs se rendaient périodiquement à travers la Grèce, vers tel ou tel point où se retrouver, s'exalter ensemble devant les athlètes, la splendeur des temples, la fougue des chevaux faisant voler les chars sous un tonnerre de cris et de sifflements, dans l'embrasement du soleil, l'odeur des feuillages piétinés et de la résine. Près de petits feux de bivouac broutaient des ânes entravés. Seul au bord de l'Alphée, un enfant jouait du pipeau.

Mais quand, mais où ? Où nous rendrons-nous cet été ? demandent les femmes.

A Olympie, hormis la prêtresse de Dèmèter Chaminè, nulle femme n'est admise près du stade. Elles se regroupent pour aller quérir du bois, de l'eau, elles montent et démontent les tentes.

Mais à Delphes, aux jeux Pythiques, à Némée, aux jeux de l'Isthme ? La pudeur les excluait-elle ?

Sauf aux exhibitions où les athlètes se mesuraient, nus et frottés d'huile, il est permis de penser qu'elles assistaient à tout : musique, chœurs ou course de navires.

Cela ne signifie pas pour autant que les femmes bien nées, les Eupatrides par exemple, puissent risquer le côte à côte avec quelque grossier personnage, possiblement éméché. A la maison donc, toute « citoyenne » n'ayant pas l'habitude de proposer, sur les marchés de l'Agora, les produits de ses champs et de son poulailler ! (Ce « citoyenne » est un euphémisme, les femmes n'ayant aucun droit de vote dans quelque cité que ce soit !) Sont alors enviables, à cause de leur liberté relative, les esclaves et les courtisanes.

Pour n'oublier pas quand se mettre en route — et il y aura plusieurs journées de marche — il faut savoir comment se succèdent ces réjouissances collectives, célébrées par les poètes, par Pindare en particulier. C'est-à-dire qu'il faut situer les Jeux dans le temps, les uns par rapport aux autres.

Gardons présent à l'esprit qu'il s'agit d'une célébration destinée à apaiser l'âme des héros ayant péri dans les combats. Célébration qui jadis avait lieu près des tertres funéraires, et au lendemain des batailles gagnées.

L'origine remonte beaucoup plus haut que cette date de 776, retenue pour les premiers jeux Olympiques. Environ quarante mille spectateurs y sont attendus tous les quatre ans, à la pleine lune de la fin de juillet ou au début d'août.

La trêve sacrée permet aux cités ennemies de se côtoyer sans dommage. Ne participent aux concours que des Grecs de la métropole et des colonies, tous hommes libres, à l'exclusion des esclaves.

La fête dure six jours, à Olympie. Couronné d'olivier, le vainqueur est porté en triomphe, dans un délire où les libations généreuses jouent leur rôle.

Célébrés tous les quatre ans aussi, à la fin

d'août, et l'année qui précède les jeux d'Olympie, les jeux Pythiques rassemblent à Delphes une foule moins dense. Rien n'indique qu'ils aient été institués avant ceux d'Olympie. Essentiellement voués aux concours musicaux, et à la cithare en particulier, instrument cher au dieu, ils rappellent la victoire remportée par Apollôn sur le serpent Pythôn. A partir de 590, ils furent dotés de concours de flûtes, d'exercices athlétiques et de courses de chars.

Quant aux jeux de l'Isthme et aux jeux de Némée, dont l'importance avec le temps devint secondaire, ils avaient été instaurés les uns par Poséidôn, les autres par Héraklès qui triompha du lion de Némée.

On célébrait jadis les jeux de l'Isthme avec des régates en avril ou en mai, tous les quatre ans ; mais à partir de 581, Corinthe édicta qu'ils seraient repris la deuxième et la quatrième année de chaque olympiade, donc tous les deux ans.

Présidés par des hellanodiques en vêtements de deuil, et sous le contrôle d'Argos, les jeux de Némée, en l'honneur de Zeus, avaient lieu en juillet, tous les deux ans, la même année que ceux de l'Isthme. D'où la succession de célébrations religieuses accompagnées de bonnes régalades et d'où les compétitions déloyales n'étaient certes pas exclues... N'y figuraient plus, à la fin du ve siècle, que des athlètes professionnels, ce qui donnait une portée infiniment moins noble et moins exaltante

à ces rassemblements, où l'unité de la race et la
fierté de l'émulation entre cités étaient source
d'émotions collectives et l'occasion d'oublier les
querelles.

Pour une olympiade de quatre années :

Première année :	OLYMPIE	juillet-août
deuxième année :	ISTHME	avril-mai
	NÉMÉE	juillet
troisième année :	DELPHES	août-septembre
quatrième année :	ISTHME	avril-mai
	NÉMÉE	juillet

S'intercalaient encore, entre ces grands Jeux
officiels, des jeux locaux, et cela dans tous les
pays où se sont implantés les Grecs, jusqu'à
Cyrène, en Libye, par exemple. Dans sa onzième
Pythique, Pindare célèbre l'excellence d'un cou-
reur à pied qui triompha dans une course en l'honneur d'Athèna, mais non point à Athènes même,
où se relayaient des porteurs de flambeaux. La
course « au raisin », pendant la grande fête des
Carnéennes, à Sparte, en l'honneur d'Apollôn
Carnéios, était l'occasion, pour les jeunes garçons
et les jeunes hommes, de se sentir admirés et loués
publiquement.
    Importante affaire ! Plus important encore ce

sentiment qu'éprouvait le vainqueur d'être le favori des dieux.

Car les dieux seuls, l'homme fournissant une dépense parfois excessive de ses forces qu'accompagnait l'élan d'une supplique fervente — car les dieux seuls accordent ou n'accordent pas la victoire.

La Grèce peut-elle devenir sous nos yeux autre chose qu'une image fanée, comme un bouquet qu'on manie trop et dont la sève se tarit toujours davantage ?

L'occasion ne viendra pas — n'est pas dans mon propos où joue la brièveté — d'énumérer les dieux, de prononcer les syllabes porteuses des grondements du tonnerre, ou accordant sauveté et consolation. Ni Zeus avec Héra, ni Poséidôn, ni Hermès, ni Arès, ni Athèna, ni Artémis, ni Apollôn, ni Dionysos, ni Dèmèter, ni Hécatè n'ont pris ici, comme il l'eût fallu, l'envergure de leur omniprésence, de leur majestueuse invulnérabilité.

Les nommer est un hommage bien pauvre. Mais les nommer, pour un Grec, suscite la vibration salutaire ou redoutable. Tout discours un peu véhément est ponctué de cet appel à l'aide.

Pareil brassement d'idées et d'inventions, pareil appétit de comprendre, pareil écarquillement de tout l'être, ils nous mènent, à rebours, du siècle de Périklès vers tout ce qui l'a enfanté.

Il importe de suivre les Grecs non seulement à travers leurs manifestations collectives et souvent triomphales, même quand modestes, à travers l'établissement de colonies sans nombre, la croissance de cités orgueilleusement parées de richesses dues à un exceptionnel savoir-faire. Mais à travers quelques démarches individuelles, singulières et, pourrait-on dire, marginales : celles des poètes et de ceux qu'on n'appelait pas encore philosophes : Orphée de Thrace, Pythagore de Samos, Empédocle d'Akragas qui fait figure d'attardé en plein Ve siècle et, avant lui, Héraclite d'Ephèse. Tous tenus et se tenant pour initiés.

Initiés à quoi ? Leur voix monte dans un vide stellaire comme la voix des nautoniers dirigeant un navire à l'estime, en pleine nuit, au vu des étoiles, au vu d'Orion, de l'Ourse, des Pléiades, filles d'Atlas. Leurs incantations brûlantes et sévères ne peuvent-elles encore nous guider ?

Des poètes donc, levain dans la pâte qui s'étouffe-
rait de trop d'opacité, des poètes « marchant de
cime en cime », comme dit Empédocle, parcourant
en solitaires les espaces désertiques, il est juste de
susciter les présences actives, voire corrosives.

Hésiode et les autres poètes

Hésiode, paysan besogneux, né sur les pentes
de l'Hélicon, à Ascra, au VIIIᵉ siècle, n'accrédite-
t-il pas le premier (juste après Homère dont les
enfants dans les écoles récitaient l'œuvre, par pans
entiers, d'une voix monotone ; et plus tard, à l'âge
d'homme, dans les banquets et pris de vin, ils se
renvoyaient en écho, vers après vers, l'histoire
d'Achille et de Patrocle) — Hésiode donc n'accré-
dite-t-il pas cette notion tellement illusoire du pay-
san-poète ou du poète-paysan, dont au siècle des
Lumières nous ferons nos délices ?

Chez Hésiode, qui fut couronné à Chalkis, dans un concours de poésie, les travaux champêtres gardent un lien sacré avec l'ensemble du cosmos, et sont le fait d'officiants voués à Dèmèter, donneuse de belles moissons.

Il plaît à Hésiode de rappeler les âges successifs (quatre le précédant) où Zeus crée une race d'hommes façonnés avec de l'or, et qui vivent comme des dieux, dans les réjouissances, jusqu'à ce que la mort les cueille doucement, au creux de leur sommeil.

Apparaît ensuite une race inférieure, faite d'argent, et dont l'arrogance est si grande à l'égard des dieux auxquels ils refusent de rendre des devoirs, que Zeus les ensevelit sous la terre où ils règnent comme Génies de l'Hadès. Les hommes de la troisième race, extrêmement belliqueux, cuirassés de bronze, s'entre-tuent et prennent tous le chemin du séjour glacial et obscur.

Pour la quatrième race, formée des héros, qui immédiatement précède la nôtre, elle mène glorieuse existence puis, le cœur exempt de soucis, reçoit en partage les îles des Bienheureux.

C'est à la cinquième race, dont Hésiode maudit l'impitoyable forcènerie, race de fer vouée à l'impiété, aux turpitudes et aux tourments, que nous appartenons à présent.

Hésiode conclut sa longue harangue par l'histoire du rossignol et de l'épervier. Comme le premier se plaignait à son ravisseur, qui l'emportait très haut parmi les nuages, l'épervier répond, à la mode de tous ceux que nous voyons méfaire aujourd'hui :

« Qu'as-tu à crier, sot que tu es ! Parce que je suis plus fort que toi, tu iras où il me plaira de te mener, aussi merveilleux chanteur que tu sois ! Insensé celui qui se mesure à plus puissant que lui ! »

A notre intention, l'auteur de *La Théogonie*, des *Travaux et des Jours* énumère des recettes éprouvées, des sentences nobles, des conseils drus et volontiers naïfs, à dessein naïfs, parce que l'émerveillement devant la Nature est à ce prix.

Suscitons, immédiatement après Hésiode, quelques rhapsodes guerriers ou satiristes, et d'abord :

— Archiloque de Paros (VIIe siècle) qui émigre dans une île voisine, à Thasos, et mène une vie tumultueuse. Au cours d'un combat contre les Thraces, il abandonne son bouclier, infamie aux yeux de tous dont il n'a cure et se vanterait plutôt, avec une ironique sagesse. On le tient, en Grèce, pour un des plus habiles, des plus brûlants faiseurs d'élégies, d'iambes et d'hymnes.

« A la pointe de la lance, la galette pétrie ; à la pointe de la lance, le vin d'Ismaros ; je le bois, appuyé sur ma lance. »

— Callinos d'Ephèse (VIIe siècle) contemporain d'Archiloque, comme Tyrtée, comme Solon et Théognis, stigmatise les mœurs contemporaines et s'attaque avec une verve martiale aux jeunes efféminés promenant leurs indolentes silhouettes devant les temples d'Ephèse.

— Sémonide d'Amorgos, fils de Krinès, est né à Samos au VIIᵉ siècle (ou peut-être au début du VIᵉ) et il se serait rendu, avec un contingent de colons samiens, dans cette petite île de l'Egée, Amorgos, voisine de Naxos. On le tient pour l'auteur de deux livres d'*Elégies* et d'un ouvrage sur les antiquités samiennes. La plus célèbre de ses *Elégies*, passablement féroce, est une satire sur le caractère des femmes.

— Tyrtée, qu'on dit quelquefois originaire de Milet, est plus vraisemblablement lacédémonien. Dans la seconde moitié du VIIᵉ siècle, il joue un rôle de sauveur quand la Messénie se révolte contre les oppresseurs spartiates. Au combat, il exalte l'intrépidité, même implacable. Après la victoire, l'obéissance aux lois. La flûte accompagne le chant de ces poèmes guerriers :

« Que chacun, bien campé, les pieds rivés au sol, tienne ferme, mordant sa lèvre de ses dents... »

— Mimnerme est donné par Suidas pour un citoyen de Smyrne ou de Colophon. Solon l'Athénien lui aurait adressé des poèmes. Il a vécu dans la seconde moitié du VIIᵉ siècle. Et si l'élégie amoureuse apparaît ici pour la première fois, puisque Mimnerme avance : « Sans l'Aphrodite d'or, où est la vie, où est le bonheur ? », il est question plutôt d'amers regrets sur la jeunesse en allée.

« Celui qui jadis était d'une extrême beauté,

aussitôt écoulé le temps de la jeunesse, n'aura plus droit à l'amour ni au respect, même de la part de ses propres enfants. »

— Solon brille parmi cette escouade de magnanimes compagnons, parce que la portée politique de son œuvre nous est bien connue. Lui aussi, né vers 640 à Athènes, façonna des admonestations vigoureuses et savantes, sous forme d'élégies. La guerre n'est pas son affaire. Il tente de faire cohabiter des hommes s'entre-jalousant sans cesse et que la haine tenaille : paysans et aristocrates, ce qui ne nous étonne guère. Sa Constitution reste un modèle d'équité et de clairvoyance.

« Dans Athènes que fondèrent les dieux, j'ai ramené ceux qui avaient été vendus, injustement ou à bon droit, à cause de leurs dettes, et qui ne parlaient même plus la langue de l'Attique, les uns ayant erré en tous lieux, les autres se tenant ici, sous le joug d'une indigne servitude et tremblant devant l'humeur de leurs maîtres : je les ai, à nouveau, rendus libres. »

— Théognis de Mégare mène, vers 545, date où il a passé la cinquantaine, une vie sans joie, alors que sa jeunesse avait été voluptueuse et élégante, comme celle de tous les aristocrates.

La révolte des paysans le dépossède entièrement, d'où une manière d'errance en Sicile, en Eubée, à Sparte. Comme Mimnerme, il invective la vieillesse, attitude fréquente chez les Grecs (mais Solon le sage ose affirmer : « Je vieillis sans cesser d'apprendre toutes sortes de choses... »).

A Kyrnos, jeune amant, jeune disciple, il adresse les conseils de l'aîné, sous forme de maximes : « Evite une hâte trop excessive ; en toutes choses, garde la mesure ; ainsi tu parviendras au succès, Kyrnos, toujours difficile à saisir. »

Assombri par l'adversité, il va jusqu'à dire : « Le mieux serait de n'être pas né... » Outré par le spectacle de la bassesse humaine, il crie sauvagement : « Ah, puissé-je, à ces méchants, rendre la pareille et, avant de mourir, boire tout leur sang ! »

Toutes les tendances des poètes élégiaques qui l'ont précédé coexistent dans son œuvre : comme chez Hésiode, douceur et précarité d'une existence campagnarde ; comme chez Callinos et chez Tyrtée, inspiration belliqueuse ; comme chez Solon, élégie politique ; comme chez Sémonide (et chez tous les autres ensemble) élégie satirique.

— Alcée (Alkaios) de Lesbos, qui vit au VIIe et au début du VIe siècle, amalgame les éléments dont est formée une existence d'homme : les combats (son frère est mercenaire dans l'armée de Nabuchodonosor ; mais lui-même, comme Archiloque, se targue d'avoir su abandonner son bouclier quand il ne pouvait faire mieux. La vie n'est-elle pas plus précieuse qu'un honneur vain ?), les querelles entre partisans, l'amour des beaux garçons (ah, ce Lykos aux yeux noirs, ce Loup...), l'émotion suscitée par les sources et la feuillaison de mai, le héron, le coucou printanier.

Il dit aussi : « Le vin, très cher garçon, ah, dans le vin, la vérité ! »

— Avec Alcman de Sardes, né de parents grecs, Sapphô de Lesbos et Ibykos de Rhégion en Grande Grèce ; avec Stésichore le Sicilien, avec Anacréôn de Téos en Asie Mineure, tous appartenant aux VIIᵉ-VIᵉ siècles, on en vient à une célébration poétique sinon sereine, du moins plus réconfortante.

Les bonheurs de la tuerie, calqués sur ceux de *L'Iliade*, s'estompent avec le souvenir de la guerre de Troie. Le temps est venu d'écouter les cigales, de regarder le soleil à l'aube frissonner sur les îles ; le temps est venu d'admirer les chœurs de jeunes filles et les danseuses aux tresses violettes, comparées par Alcman qu'accueille et garde Lacédémone, tantôt à des colombes, tantôt à des pouliches.

— Une femme enfin ose élever la voix : la brûlante Sapphô célèbre à Mytilène cette vie de rare liberté qu'ont alors les femmes des îles Eoliennes et s'entoure, tel Socrate plus tard, d'élèves qu'elle forme à des raffinements de pensées et à des subtilités esthétiques dont on a beaucoup glosé. Certes l'Athènes de Périklès n'a pas accordé à ses recluses, aux aguets dans les cours intérieures, même ferveur dans des émerveillements mutuels, mêmes élans rieurs, surtout dans les cortèges de fêtes comme ceux des noces où Sapphô se montre capable de saillies et de gaillardises poétiques, évidemment fastes en pareilles circonstances.

Mais de l'Amour plus que de tout amoureuse, elle dit, non sans effroi :

Au gel en moi, la brûlure succède,
De me pâmer j'ai trop envie,
Ma gorge est si serrée et mes jambes si faibles
Que je me sens périr...

— De Stésichore d'Himère ne subsiste guère qu'une invocation au berger Daphnis ; d'Ibykos, un chant de rossignol, le passage des grues.

Pindare, Anacréôn

Il est équitable d'accorder une place à part à deux poètes, que leur envergure ou leur singularité met sous un certain éclairage : Pindare le Thébain et Anacréôn de Téos.

Sans doute Pindare n'appartient-il pas à cet âge dit archaïque, puisqu'il mourut vers 441, peu après la fondation de Thourioï par Hérodote d'Halicarnasse. Mais Pindare, comme Empédocle qu'on situe généralement lui aussi, à tort, vers la fin du VIe siècle et dont la disparition est datée de 424, Pindare témoigne des valeurs d'une autre époque : il a la verve haute et vigoureuse, la sévère exalta-

tion devant les exploits, qu'on trouve chez
Homère et qu'on retrouve dans les tragédies
d'Eschyle. Sa langue somptueuse, savante, bru-
tale, raffinée, surabondante, se charge de phonè-
mes accolés à des mots que ce contact inhabituel
fait flamboyer. On entend, dans les nombreuses
célébrations qui louangent généralement des vainqueurs aux Jeux, le tonnerre des roues, le crépite-
ment des sabots, les ressacs d'une voix que
l'émotion sacrée a saisie. Néanmoins l'évocation
circonstancielle est toujours entourée de rappels et
de commentaires sur les hauts faits des Olympiens
et des héros, sur les événements sanglants entou-
rant les guerres médiques. S'y mêlent des détails,
un peu fastidieux, concernant les vainqueurs ou
ceux qui ont, à Pindare, « passé commande »
d'une ode, tels Hiéron de Syracuse ou Théron
d'Akragas.

Ce maître du plus pur lyrisme, né en 518, meurt
donc en 441, et avec lui la poésie considérée
comme un genre indépendant. Surprenante consta-
tation ! Lui feront suite les chœurs de la tragédie,
vibrant des mêmes puissantes évocations, mais qui
iront en s'affaiblissant dès la fin du Ve siècle !

De Pindare qui fut, parmi les poètes grecs, l'un
des rares qu'on honorât officiellement de son
vivant, et de manière superlative, on sait qu'il
appartenait à une famille thébaine vouée au culte
d'Apollôn. Un Dorien, donc, et un aristocrate.

Chez Anacréôn de Téos, qui le devança quelque

peu, il n'est jamais question de l'univers dangereux propre aux stades et aux guerres.

Anacréôn se plut à la fréquentation des Grands,
il vécut chez Polycrate à Samos, chez Pisistrate à
Athènes, et il célébra les belles filles et les jeunes
cavaliers, voués aux plaisirs d'Erôs. Tout comme
Pindare, son existence fut longue et son esprit
serein.

La renommée qui s'attache à son nom, et qui a
rendu celui-ci familier, vient surtout de la vogue
des poèmes dits « anacréontiques », lesquels
furent rédigés entre le Ier siècle avant notre ère,
et l'époque byzantine. Poèmes d'origines diverses,
prenant modèle sur l'auteur d'*Odes amoureuses*
qui, à la manière de Sapphô et sur un ton mi-
badin, mi-mélancolique, célèbre gracieusement
l'impermanence des désirs et de la beauté.

Les siècles passant, c'est en 1554 que fut
publié, par Henri Etienne, un recueil d'*Odes anacréontiques* ; et à partir de la Renaissance se déve-
loppa un genre de poésie particulière, se référant
à Anacréôn.

Des cinq livres qu'il composa, ne demeurent
qu'une centaine de fragments, dont certains ne
comptent que quelques lignes, voire quelques
mots. Vestiges dont le mystère s'accroît, à cause
du choix qu'en a fait le hasard.

« Accorde-moi, mon bel ami, ton corps si tendre... », mots d'une chanson, reprise dans les rues

d'Athènes, par de gais, d'insouciants adolescents couronnés ?

Orphée

Loin dans le temps et au plus profond de nos songes, miroite Orphée, le Musicien, l'Enchanteur, le Poète par excellence.

Question périlleuse : Orphée est-il une simple entité, le resplendissement fallacieux d'un mythe ?

'Ονομακλυτὸν 'Ορφήν : Orphée au nom fameux, c'est sous ce vocable que l'Enchanteur émerge pour la première fois, dans l'histoire grecque et universelle, et seulement au début du VIᵉ siècle, par l'intermédiaire du poète Ibykos précédemment cité ; et presque à la même époque, Pindare mentionne le nom d'Orphée parmi les héros ayant vécu la grande aventure de la Toison d'or, aventure de portée mystique, ou d'intention mercantile ? Peut-être les deux à la fois.

L'étonnant est que l'histoire d'Orphée ait germé, ait fleuri dans la conscience grecque collective avec une exceptionnelle force, depuis des temps encore plus reculés que ceux où l'on situe Homère et Hésiode.

Orphée aurait laissé un recueil de chants et de rites initiatiques, de prescriptions pour ses fidèles que mentionne Hérodote, sous le nom d'*Orphica*. Mais au temps de Pisistrate, au VIᵉ siècle donc, le

poète Onomacritos fut chargé de faire un arrange-
ment avec ces textes que leur ancienneté rendait
d'un abord difficile ; et il opéra pieusement de la
même manière avec les prophéties de Musée, anté-
rieures, semble-t-il.

Onomacritos, poète et chresmologue (de *chrès-
mos* et *logos* : qui prononce ou interprète des oracles), fut démasqué et convaincu d'avoir fait des
ajouts, lesquels tentaient de donner plus de corps
à des pièces sans doute peu homogènes.

On osa d'ailleurs les mêmes remaniements pour
Pythagore, dont les *Vers d'or* sont et ne sont pas
authentiques. Et, comme pour Pythagore autour
duquel les légendes se multiplièrent et les faits
miraculeux, on en vint à confondre et à rejeter, par
pure lassitude devant l'accumulation des outran-
ces, jusqu'à l'existence de celui qui les avait pro-
voquées.

Mais Pythagore de Samos a bien vécu en ce
VIᵉ siècle où justement éclate en Attique un
engouement imprévu pour les doctrines d'Orphée,
tenues plus ou moins secrètes depuis des siècles.

Et Platon, en plein IVᵉ siècle, ose accorder un
crédit entier à ces mêmes *Orphica*, citant Orphée
dans *Le Cratyle, Les Lois, La République*, entre
autres.

On serait tenté de dire d'Orphée qu'il exista et
n'exista pas, ou plutôt qu'il ne fut pas tel que les
amplifications dues à la ferveur le montrèrent. Il
ne fut pas ce demi-dieu né des amours de Calliopè

avec Apollôn ou avec le dieu-fleuve de Thrace, Œagre. Mais il fut, à coup sûr, dans un accord si profond avec le monde visible et invisible, qu'il pouvait émouvoir, grâce aux sons justes de sa lyre, et obtenir réponse de toutes les créatures vives, bêtes et plantes.

Telle était en lui la force du poète qui assume sa vraie fonction : celle de magicien. Nul Grec ne s'en étonnait. Mais l'envie demeurait chez tous de facultés qu'un Empédocle d'Akragas, poète inspiré lui aussi, se targue à bon droit d'utiliser couramment.

A la vérité, et c'est sur quoi il convient d'insister et qui surprend : ce qui caractérise et donne sa tournure si particulière à la littérature grecque, à la philosophie grecque et surtout à la religion grecque du Ve siècle est issu plus ou moins directement d'Orphée.

L'art graphique le manifeste abondamment sur les vases à figures noires, et gagne même d'abord le monde romain puis le monde du christianisme naissant, comme en témoignent les fresques des catacombes.

Sans doute faut-il rappeler, une fois de plus, qu'entre la religion officielle, celle de Zeus olympien, et les cultes « à Mystères », comme ceux de Dèmèter, ceux de Dionysos, il y avait une différence non seulement d'engagement profond, mais d'essence et de contenu.

Et Orphée, dans ces cheminements obscurs,

demeurait le guide originel, l'officiant suprême,
par le don qu'il avait reçu des dieux.

Les très tardives *Argonautiques* d'Apollônios
de Rhodes (vers 240 av. J.-C.) mettent en scène
un Orphée enchanteur dont l'intervention permet
aux Argonautes de se glisser entre les roches Mou-
vantes, les Symplégades, gardant le Bosphore.

Orphée chante aussi pour apaiser des querelles,
il chante pour écarter les sirènes, il chante dans
les tempêtes, il chante pour endormir le dragon
qui garde la Toison d'or.

Son action est donc entièrement bénéfique, ce
qui reste peut-être sans équivalent parmi les attri-
butions ambiguës, ambivalentes des dieux, demi-
dieux et héros. La bonté absolue d'Orphée est en
elle-même un prodige, dans l'univers furieux et
sanguinaire de l'épopée et de l'âge dit archaïque.

Est-ce là ce qui fascina (fut-il beau ? sans doute,
mais la chose n'apparaît pas en premier, comme
pour Apollôn ou même pour Pythagore), est-ce là
ce qui fit grandir peu à peu, à l'horizon grec, cette
silhouette parfaitement humaine rappelant un Age
d'Or, appelant un nouvel Age d'Or ?

La relation si touchante de la quête d'Eurydice
(nom tardif), quête sur laquelle on mit l'accent par
la suite, ne paraît, en réalité, que comme un épisode où se démontrent les pouvoirs d'Orphée ; il
est maître des secrets de l'Hadès et commande aux

divinités infernales, de sorte que ses fidèles peuvent compter sur son intercession. Le royaume des morts doit les rendre à la lumière, si tel est le désir d'Orphée.

Car Orphée, le clairvoyant, tient à la fois, par une tentative de réconciliation des contraires, si chère aux Grecs, d'Apollôn et de Dionysos.

D'Apollôn, il est le prêtre, affirme la tradition. D'Apollôn oraculaire et maître de la mantique.

Mais la Thrace, dont Orphée est originaire, est vouée à Dionysos, de telle sorte que le poète ne s'écarte pas des cultes bacchiques, dans leur violence qui n'est que manifestation des forces vitales ; néanmoins ces cultes ténébreux sont tempérés par l'influence solaire d'Apollôn.

Qui est qui, d'ailleurs, lorsque Orphée se confond, par les péripéties de sa mort dramatique (les Ménades le mirent en pièces), avec Dionysos démembré et dévoré par les Titans ?

Le problème étant, et étant uniquement celui-là : rêvons-nous que nous existons ou existons-nous vraiment[1] ? — il apparaît qu'on touche, avec Apollôn et Dionysos, l'endroit et l'envers d'une réalité unique.

Pour un Grec, cela avait valeur non de révéla-

---

1. « L'homme est le rêve d'une ombre » (Pindare, *Huitième Pythique*).

tion, mais de théorème. A considérer Apollôn, on perçoit qu'il est, par excellence, un dieu grec. Zeus, premier des dieux, Zeus, assembleur des nuées, suscite la crainte et la vénération. Mais Apollôn le blond, le lumineux (venu d'Hyperborée avec les Doriens, au IIe millénaire ; ou enfanté par Léto, sous un palmier, dans l'île sainte de Délos, peu importe !), est avant tout un dieu qui subjugue, qui séduit par sa beauté sublime, sa science inconcevable de l'harmonie, lui l'Archer infaillible qui peut anéantir d'une flèche tout impudent, mais qui préfère utiliser la toute-puissance de la musique, capable de guérir les maux de l'âme comme ceux du corps.

Apollôn appelle la contemplation silencieuse, le sourire de la vraie joie. (« Sans l'espérance, on ne trouvera pas l'inespéré, dit Héraclite d'Ephèse, qui est introuvable et inaccessible. »)

Par la bouche d'Apollôn, ou plutôt par celle de ses pythies, de ses sibylles, les brumes enveloppant tous les événements à venir — brumes épaisses comme celles que craignaient les navigateurs en Propontide où, par milliers, de noirs oiseaux de mer plongeaient dans les vagues houleuses —, ces brumes faisaient place aux clartés de la certitude.

On ne faisait rien qui engageât une cité, des combats, une fondation, sans consulter le Clairvoyant, surnommé tout de même Loxias (l'Oblique) parce que ses réponses n'étaient pas dépourvues d'ambiguïté... Mais les dieux sont-ils tenus d'entrer toujours dans nos combinaisons louches, presque exclusivement profanes ?

Face à cet éphèbe aux joues lisses, au corps glorieux (peut-on parler d'éphèbe quand le corps a la plénitude de la maturité ?), l'absence est patente de la barbe ardemment noire et très animale, qui caractérise Dionysos. Et pourtant un Dionysos adolescent a pris tardivement la place du premier, et le Iacchos des Mystères d'Eleusis était presque un enfant. Face donc à ce dieu solaire, à ce Phoïbos qui a la fluidité du miel, Dionysos semble issu du cœur des ténèbres. De quelle région redoutée, redoutable, avant de faire irruption en Grèce, est-il sorti ?

Certains le tiennent, non pour le fils de Zeus, mais pour celui d'Hadès.

Qu'il eût été enfanté par la Grecque Sémélè, fille de Kadmos le Phénicien qui épousa Harmonia et fonda Thèbes en Béotie n'empêche pas qu'on soupçonne Dionysos d'avoir des attaches avec la Lydie, la Phrygie, voire l'Inde (où il se confond avec Shiva ?).

Quoi qu'il en soit, c'est en Thrace qu'il apparaît, confié aux nymphes du mont Nyséion (et Nysa se retrouve en Carie, comme en Béotie, comme en Inde) après sa naissance dramatique, Sémélè ayant été frappée par la foudre.

Dionysos ne séduit pas, à l'inverse d'Apollôn : il conquiert. Sa beauté est d'une tout autre espèce ; elle attire et effraie. Dionysos apparaît à ses fidèles comme un dieu porteur de masque. Un dieu masqué, au regard fixe, semant le trouble, voire la démence. Par là, il est mort et vie, dieu de la génération et de la frénésie mortelle. Si proche de ce qu'en son tréfonds l'homme se sait receler, qu'au saisissement premier succède l'adhésion dont on ne voit pas où elle mènera ! Gouffre de ce regard obscur. Piège de cette apparente douceur, qui se résout en explosion de cris. Tentation de meurtres qu'on retenait parce qu'il le fallait. Où est le *Mèden agan* dont on pouvait se leurrer à travers Apollôn, et sa *sophia* porteuse d'équilibre ?

L'un comme l'autre sont des guides vers un extrême en latence. Mais ils ne font qu'un, en vérité. Ils ne sont que les deux révélateurs de notre nature duelle, l'homme étant né des cendres des Titans monstrueux que Zeus frappa de sa foudre, après qu'ils eurent déchiré et dévoré Dionysos lui-même.

L'homme porte donc en soi une hérédité divine, celle de Dionysos, et une hérédité monstrueuse, celle des Titans. Il ne le sait que trop. Il ne le saura jamais assez.

La transe néanmoins est commune, singulièrement, à Apollôn et à Dionysos. Mais alors que la transe où Dionysos veut que ses fidèles aboutissent, soit de manière béate, par l'ivresse due à l'excès de vin, soit de manière bestiale, meurtrière, paroxysmique, atroce, par les danses et les drogues en honneur dans les thiases, ces sociétés sacrées, cette transe donc est collective, bruyante, incontrôlable — la transe d'Apollôn est le fait de quelques élus.

Seuls des voyants, des devins, habités par le dieu, des prêtresses devenues ses porte-parole, perdent leur personnalité propre et tout contrôle, temporairement. Mais à l'écart, sans jamais nuire à quiconque. Sans aucune effusion de sang.

Voir ce qui sera aussi nettement que ce qui fut, le temps se confondant avec un espace sans frontières, tel était le premier des dons qu'Orphée avait reçus, non seulement d'Apollôn mais de Dionysos.

Et sans doute Orphée, bienfaiteur infiniment doux, malgré ses pouvoirs magiques, bienfaiteur dont l'abnégation l'égalait à celle de Prométhée qui nous offrit le feu, à ses dépens, voulut-il rapprocher l'un de l'autre, dans la conscience mal dégrossie d'une humanité friande de guerres, ces dieux qu'on eût pu croire ennemis.

Sans doute, et grâce à lui, les Grecs comprirent-ils qu'il n'existait ni bien ni mal, dans un absolu, mais une interaction de forces dont l'harmonie est la clef de tout.

Car il faut bien admettre que le blanc n'existe que par rapport au noir et le négatif par rapport au positif. La suppression de l'un provoque la disparition de l'autre. Le ténébreux Dionysos, l'élan vital et la violence de la génération (avec ses débordements gais, ses danses, ses liesses bacchiques), est possiblement abandon à la plus ignoble férocité ; il ne peut être balayé de l'univers sans que chancelle Apollôn, l'Etincelant, vers qui nous tendons des bras de naufragés. Apollôn confondu avec l'archange Michel de la chrétienté ; Apollôn destructeur du serpent Pythôn, comme l'Archange l'est du Démon, lequel est aussi, dans son ambivalence maudite, Lucifer, le porteur de lumière.

Chez les Grecs, Apollôn et Dionysos se font un exact contrepoids. Nulle guerre possible entre eux. Il faut les accepter ensemble. L'un d'ailleurs, à Delphes, remplace l'autre pendant les mois d'hiver. Coexistence plus troublante encore : les folles Ménades, qui déchiraient toutes vives les bêtes sauvages, c'est sur le mont Parnasse, au-dessus de Delphes, qu'elles s'ébattaient le plus volontiers.

La musique qui délie, la musique qui libère du délire, qui est promesse de leur future légèreté, voilà donc ce qu'Orphée prétend apporter aux hommes en fait de « bonne nouvelle », pour qu'ils ne deviennent pas les victimes de leurs propres instincts contradictoires. Pour que l'angoisse en eux ne grandisse pas au point qu'ils ne pensent plus qu'à s'entre-tuer.

Tempérer ce que Dionysos, le dieu des Thraces, présentait de sauvage à des Grecs déjà fiers de différer, méprisant ceux qu'ils appelleront toujours des Barbares, c'est indubitablement ce qu'Orphée se proposa de faire. Cela lui valut la gratitude de ses fidèles et une pérennité rare de demi-dieu ou de héros, dans la conscience grecque et jusque dans la nôtre.

Il faut revenir encore, à travers cette lente et fervente dérive que nous nous accordons ici, sur le fait qu'Orphée apporte avec lui un culte axé sur les Mystères, comme le Dionysos crétois, le Zagreus déchiré et ressuscité.

De la Crète à la Thrace, une trajectoire existe, qui fait s'interférer et s'étayer les croyances. Luit enfin l'aurore d'une résurrection pour les mortels que la perspective des images cadavériques laisse dans un désarroi, un chagrin, une révolte que rien n'apaise.

Dès ici-bas, il est possible de s'orienter autrement, de supprimer l'hiatus qu'est la mort. Les doctrines d'Orphée sont celles d'une innocence que chacun secrètement détient en soi-même.

D'où Orphée tire-t-il tant de pouvoirs : pouvoirs de magicien, d'enchanteur, de prophète ? Tout simplement d'une parfaite adéquation avec les innombrables formes visibles et invisibles qui foisonnent à travers le monde. Les signes, il est bon de savoir les lire, les messages nés du clignotement des étoiles, comme des empreintes coloriées que le doigt divin laisse sur les ailes des papillons. Dès l'aube, le chant des grives éclate avec une témérité, une jubilation si glorieuses qu'on ne peut qu'adhérer à cette humble révélation. Liturgie ignorée, magnifique des oiseaux ! Brame des cerfs, chœurs des loups, abois secs du renard, rien qui ne mène l'écoutant hors de ses limites, dans l'immensité féconde.

Aussi Orphée l'Eveilleur, l'Eveillé, comme le fera Hésiode, tente-t-il de mettre l'homme en possession de trésors méprisés. Il sait que la musique n'a de force pour soumettre les éléments que si le musicien est soumis lui-même d'abord, que s'il s'est abandonné à un éblouissement, une ardeur semblables à ceux de l'Amant en face de l'Aimée.

La résonance plénière avec le monde ne peut se faire qu'en se situant soi-même à sa vraie place.

Bien entendu, la cosmogonie d'Orphée est particulièrement complexe. Qui la formula, ou plutôt la mit en poèmes dont la récitation servait de viatique ? Orphée ou ceux qui l'entendirent ?

On est tout de même surpris de découvrir qu'un exposé détaillé n'a été réalisé qu'au VIe siècle après J.-C., à Athènes, par Damaskios, néo-platonicien, en contact direct avec les Orphiques d'Italie, et dont l'ouvrage souffre de contaminations orientales.

Il existait une version ancienne à laquelle Aristophane fait allusion. Consternante disparition d'œuvres pour nous irremplaçables, dont la sève fera toujours défaut à l'humanité sur la voie de ses métamorphoses. Ainsi des dizaines de tragédies d'Eschyle et de Sophocle, entre autres.

Sans doute la cosmogonie d'Orphée doit-elle se mesurer à l'inextricable prolifération des causes et des effets, des volontés gouvernant le monde, la force dionysiaque menaçant constamment la survie même de l'humanité.

En voici l'essentiel :

Avant toute chose, comme il est dit au chant XVI de *L'Iliade*, existe une puissance terrible qui l'emporte même sur les dieux : c'est la Nuit. Des abîmes de la Nuit (confondue avec le Temps dont Pindare dit qu'il est « Maître des dieux ») jaillit l'Œuf cosmique ; du noir absolu, informel, ce dur objet immaculé.

Le Vent, aussi invisible que le Temps, aussi fluant, est à l'origine de cette apparition, de cette matérialisation première. Nuit et Vent, indomptables parce qu'impalpables, ont ensemble, sans étreinte parce que confondus déjà dans leur essence qui est absence absolue, formé et mis au monde une plénitude solide, l'Œuf cosmique, d'où Erôs sortira à son tour.

De l'Œuf primordial, on retrouve le concept en Inde, en Perse, en Assyrie, en Egypte. Epiménide de Crète, au VIIe siècle av. J.-C., n'a fait que reprendre cet élément essentiel des doctrines orphiques.

Erôs ayant scindé en deux le cercle fragile qui

le tenait prisonnier, comme l'oiseau enclos mais porteur d'ailes et dont le devenir est d'être véloce, presque immatériel, il en résulta Ciel et Terre destinés, par Erôs, à s'unir et à procréer aussi bien les dieux que les hommes, les lynx ravageurs de troupeaux et les grues voyageuses.

Intéressantes similitudes entre la vision du chaos originel et les théories du physiologue ionien Anaximandre de Milet (VIe siècle) qui en eut probablement connaissance.

L'*Apeiron* (τὸ ἄπειρον) d'Anaximandre ou Infini illimité, contient tous les contraires comme le chaud (soleil) et le froid (terre) dont la fusion permet aux créatures animées d'apparaître. Première solution au problème de l'Un et du Multiple qui découle de cet Un et y retourne après un cycle déterminé. Problème qui obséda tous les philosophes grecs.

La nécessité de s'extraire du bourbier qu'est la vie humaine (et pour Orphée, le plus abominable des supplices, dans l'Hadès, est d'être immergé dans la fange ; ce fut là, d'ailleurs, l'un des rites initiatiques des Mystères d'Eleusis, si l'on en croit l'imprudent Aristophane) est à l'origine des spéculations orphiques. L'homme reste une créature ambivalente, capable du meilleur et du pire, doué d'attributs mâles ou femelles dont les prérogatives l'égarent. Pareille dualité, répétons-le, est due à son origine dramatique (Dionysos dévoré par les Titans, cet épisode donna lieu à des rites qui se perpétuèrent longtemps ; à Ténédos, par exemple, des enfants étaient immolés et mangés ; il ne faut jamais oublier que les sacrifices de bêtes ne sont qu'un substitut).

Donc Orphée, aussi compatissant qu'intransigeant, propose à ses adeptes d'être des *purs*. La vie sur cette terre n'est en elle-même que l'occasion d'un choix. Représente-t-elle vraiment une punition ? Les chrétiens, plus tard, se sont plu à décrire la longue suite d'afflictions qui est l'inévitable lot des créatures humaines. Mais en vérité Orphée attribue nos maux uniquement à ces actes que nous mettons au monde jour après jour, à ces pensées discordantes qui prolifèrent en nous, dans la veille comme dans le sommeil. Nulle morale n'est en cause que celle de l'évidence : toute laideur est contagieuse et l'homme dépare le monde quand il se conduit mal.

Chacun est l'artisan de sa perte. Chacun doit vivre de manière à éviter la répétition des mêmes erreurs à travers des existences similaires, menées aveuglément, donc vainement. Quiconque ignore cette vérité tombe et retombe dans le piège.

Etayée par une telle certitude, l'œuvre de Platon met en garde contre l'enchaînement malencontreux des renaissances. Il envisage dans *Le Cratyle,* par exemple, la collusion révélatrice des mots *sôma* (corps) et *sèma* (tombeau).

Les interdits qui s'ensuivent et qui n'ont rien de brimades arbitraires ne servent qu'à rétablir

l'équilibre perdu, entre les appétits et leur assouvissement. L'*ego* dévastateur, l'*ego* puérilement
tendant les bras vers tout ce qui est désirable, il
importe de le tenir en respect.

L'Orient où est explicitée une doctrine des réincarnations, antérieure au Bouddha (VIᵉ siècle),
féconda-t-il la pensée grecque, à distance ?
L'Orient où la même ascèse, dans le même temps,
était prônée ?

Qui peut, grâce à une claire vision des mécanismes maléfiques, maîtriser en soi le désir du désir,
celui-là passera enfin le seuil de la délivrance.
Orphée, dans ses chants, dont l'envoûtante beauté
s'apparente à la voix des oiseaux et apaise nos
tempêtes intérieures, continue à nous annoncer
cela, qui n'a pas de prix.

Quels sont ces commandements particuliers, ou
plutôt ces recommandations qui rétablissent la
santé de l'âme, enfin responsable de son propre
sort ?

Il faut s'aimer soi-même pour se vouloir beau.
Narcisse n'avait pas tort. Mais il faut s'aimer suf-
fisamment pour désirer sa propre transsubstantia-
tion, pour désirer n'être plus que miroir d'eau,
miroir de l'Univers incidemment incarné ici et là,
mais qui se fait et se défait sans cesse.

La beauté des créatures, interchangeables malgré leurs différences, appelle le respect. Tuer son

semblable est le premier des crimes ; comme tuer des bêtes, sauvages ou domestiques qui, dans le germe de leur excellence, l'égalent aux dieux.

Il découle de cet interdit premier que manger de la chair rend l'homme impur, et donc le condamne à des expiations sans fin. Evidemment, les sacrifices sanglants, par lesquels on a accoutumé de rendre hommage aux dieux, sont répréhensibles. Ils doivent être remplacés par des offrandes de fleurs, de fruits, de lait, de miel.

Hérodote rappelle (l'*Enquête* 2, 123) que les Grecs prirent le concept de l'immortalité de l'âme aux Egyptiens, et de sa transmigration.

Pour les Egyptiens, l'âme, après une première existence humaine, entre dans le corps des diverses créatures animales peuplant le monde. D'où le culte qu'ils ont pour les bêtes sauvages et domestiques, et leurs dieux zoomorphes. Après trois mille ans de pérégrinations, l'âme s'incarne à nouveau dans une apparence humaine, riche d'une expérience qui lui permettra d'atteindre à sa propre essence divine, à l'union avec l'Un que cette créature humaine est redevenue, et avec le Multiple qu'elle a incarné et en quoi l'Un ne cesse de se subdiviser.

En bref, le précepte essentiel est d'éviter toute souillure. La souillure s'attache au meurtre, à la mort comme à la vie qui lui est liée, donc à la naissance. On n'approchera pas d'une femme qui vient d'enfanter, faisant entrer par là un être dans le cycle des réincarnations. (La roue est l'un des symboles d'Orphée — la roue bouddhique — avec l'échelle qu'on retrouve comme moyen d'accéder aux espaces célestes, dans toutes les mystiques.)

On évitera aussi le contact des morts et même des cercueils. Le port d'un vêtement blanc est bien entendu de très bon aloi. Il annonce qu'on tend vers l'état de candeur qui permettra l'accès aux îles des Bienheureux (citées par Pindare dans sa *Seconde Olympique).*

Les Mystères orphiques permettaient à l'initié de se croire arrivé à la dernière étape de ce long cheminement où joies et douleurs fondent sur le pèlerin. La béatitude est le prix d'une décantation lente qu'il ne faut pas confondre avec une ascèse toute formelle. Il s'agit non de se refuser aux plaisirs quelconques, mais de les reconnaître pour dérisoires et veules.

Enfin l'âme s'épanouit, elle exulte à cause de sa propre beauté. Une simple fleur, dans le raffinement exquis de ses nuances et de ses contours, resplendit autant qu'une étoile.

Pour en arriver là, l'initié a observé les règles données par Orphée : le respect du serment, l'aide fraternelle, l'absence de trivialité dans le plaisir, la sobriété, la piété envers les dieux, l'émerveillement toujours avivé par un contact permanent avec l'univers, la pratique du chant, de la musique, la connaissance de certains pouvoirs naturels qu'on acquiert en vivant dans le rayonnement des plantes, des arbres, des sources, du vent, et qu'il ne faut pas confondre avec la magie.

Il est impossible, comme pour les Mystères d'Eleusis qui ne font que reprendre des éléments identiques, de savoir en quoi consistait l'initiation orphique, les *Télétaï*. Les fameux chants d'Orphée comportaient d'abord des hymnes adressés aux dieux et célébraient leur existence et leur nature propre ; ils étaient accompagnés de prières demandant secours et protection. Platon, non sans mépris, fait allusion à des jeux. Mais à quelle sorte de jeux les initiés aux Mystères orphiques pouvaient-ils se livrer ? Mimaient-ils, couronnés de jacinthes et d'anémones, et dansant pieds nus sur l'herbe, parmi les chants du rossignol, du coucou, de la huppe, le bonheur naïf, léger, enfantin en quoi ils avaient foi et qui devait irriter les « non-purs » ? Car, pour ces humbles orgueilleux, le reste de l'humanité demeurait dans l'ignorance et l'aberration.

Sans doute, si l'on se réfère à Eleusis, y avait-il une sorte de résurgence mythique, faite pour susciter la crainte. Et tandis qu'à Eleusis c'était l'enlèvement des Korè qu'on revivait, à travers ses péripéties brutales et bruyantes, et à travers les lamentations de Dèmèter, ici le supplice de Dionysos enfant (prémonition de celui qu'endura Orphée) devait être mis en images.

Il est probable que des osselets, toupies et balles tenaient lieu d'objets qu'en silence, devant les fidèles, l'officiant devait exhiber. Il ne s'agissait pas de l'épi dont la promesse est multiplication. On rappelait l'insouciance de l'enfant-Dionysos, lorsqu'il avait manié, avec des rires, ces objets, avant sa fin. On rappelait peut-être que l'enfance et ses rires devaient être réintégrés par tous.

L'Orphisme — ou plutôt les préceptes d'Orphée — apportait le message d'un perfectionnement individuel, d'une conversion progressive ou soudaine à un nouveau mode d'existence. Cela était sans rapport avec le commerce tantôt familier, tantôt plein d'effroi qu'on entretenait avec les dieux de l'Olympe.

La religion orphique, bien que son fondateur ait vécu en Thrace au temps de la guerre de Troie ou auparavant, ne semble pas avoir pris sa forme si particulière, comme il a déjà été dit, avant le VIe siècle. Elle apparaît d'abord en Grande Grèce, à Locres (fondée au VIIe siècle) qui devint le centre principal du culte et où se pratiquaient les initiations. Ce n'est qu'au Ve siècle qu'Athènes fut gagnée par des croyances s'apparentant plus ou moins à celles d'Eleusis.

A coup sûr, l'imprécision demeure, non dans la démarche, impérative quant à son dessein d'apporter la paix aux hommes, mais dans l'exposé des dogmes, puisque les textes ont été ou perdus ou remaniés ou falsifiés.

Toutefois des documents existent, dont l'authenticité est indéniable, et qui consistent en inscriptions sur de minces feuilles d'or, trouvées dans des tombes. On est en présence d'extraits relatifs aux textes sacrés, visant à guider l'âme des morts, juste après leur sortie de l'enveloppe charnelle, quand vont s'ouvrir les voies de l'Immense et de l'Intemporel.

La magie passe pour n'être pas étrangère à l'Orphisme. Or la magie recommande, pour un meilleur emploi des vibrations en jeu, de consigner par écrit la prière adressée aux puissances de l'Au-delà.

Le défunt (comme le professent les Tibétains qui usent de semblables formules conjuratoires, tirées de leur *Livre des Morts)* entre dans une région intermédiaire (mais non point l'Hadès), où il doit se conduire avec une parfaite connaissance des plus terribles ou des plus séduisants mirages, et une foi sans défaut.

Sur une feuille d'or provenant de Pétélia, à proximité de Crotone où naquit le célèbre Milôn, l'athlète vainqueur aux jeux Olympiques et aux jeux Pythiques, sont gravées en hexamètres les recommandations nécessaires à cette ultime pérégrination. Bien que d'époque tardive (IVe siècle avant notre ère), le document en soi nous éclaire sur la teneur de textes inchangés depuis des siècles.

« A gauche de la demeure d'Hadès, tu vas trouver une source près de laquelle s'élève un cyprès blanc.

De cette source, il ne faut pas t'approcher trop près.

Puis tu en trouveras une autre, qui vient du lac de Mémoire.

Son eau fraîche coule avec rapidité et, devant elle, se dressent des gardiens.

Alors prononce ces mots : Je suis l'enfant de la Terre et du Ciel étoilé,

Mais ma véritable origine est le Ciel, vous le savez bien.

A présent, je suis desséché par la soif, à en mourir. Donnez-moi vite

L'eau fraîche qui coule hors du lac de Mémoire. »

En Crète, au IIᵉ siècle avant J.-C., d'identiques formules apparaissent sur trois feuilles trouvées dans des tombes :

« La soif me dessèche au point que j'en meurs. Donne-moi à boire l'eau

De la source intarissable qui se trouve à droite, près du cyprès.

— Qui es-tu ? D'où viens-tu ?

— Je suis le fils de la Terre et du Ciel étoilé. »

Par ailleurs, à Thourioï, seule cité panhellénique

édifiée au Ve siècle sur les ruines de Sybaris, à l'instigation de Périklès, on peut lire les mots du même tout-puissant viatique, enclos dans une tombe du IVe siècle :

« *Dès que ton esprit perd de vue la lumière du soleil*
  Chemine vers la droite aussi loin que tu le peux,
  Avec une attention continuelle.
  Salut, ô toi, qui connais les tourments. Ce qui t'arrive, tu ne l'avais jamais encore souffert.
  Mais d'homme tu es en train de devenir dieu,
  Chevreau, tu es tombé dans le lait.
  Salut, salut à toi qui suis la route de droite
  Conduisant aux prairies sacrées et aux bois de Perséphonè. »

Enfin trois autres feuilles de même époque et de même provenance fournissent, outre des conseils similaires, un exposé éclairant la doctrine elle-même :

« *... j'ai payé le prix d'actions injustes...*
  Je suis sorti du cycle monotone, désolant,
  Je me suis avancé d'un pas rapide vers la couronne désirée,
  Je me suis plongé dans le sein de la Souveraine, de la Reine d'Hadès,
  Et d'elle, de Perséphonè la bienfaisante,

J'attends, en suppliant, qu'elle m'ouvre le séjour des Bienheureux. »

Et de nouveau la saisissante, l'émouvante promesse qui nous identifie au chevreau fragile, confiant, joueur et plein de grâce :

« Heureux, ô bienheureux, de mortel tu deviendras dieu.
Chevreau, te voilà tombé dans le lait. »

C'est ce que ressentira Empédocle d'Akragas, clamant dans son exultation : « Ecoutez-moi : je ne suis plus mortel mais enfin un dieu, mais enfin immortel ! »

Comment ne pas tenter, une nouvelle fois, de concevoir ce qui hantait l'inconscient collectif et que gouvernait l'implacable nécessité du secret ? Comment ne pas revenir encore sur ce qu'on appelle les Mystères ?

De tout temps et partout, à travers les diverses formes de culture, ont existé des rites d'initiation, dits rites de passage, qui scandent les étapes d'une vie. Rites permettant d'accéder, sans dommage, d'un état de conscience bornée à un état de plénitude accrue, laquelle correspond à la croissance physique d'abord, et à la croissance morale.

Ainsi à Athènes, quatre (ou deux ?) petites filles,

issues des meilleures familles, étaient choisies comme *arrhèphores*, et vivaient près du Grand Temple, sur l'Acropole. A dix ans, encore impubères, toutes les fillettes devaient broyer le grain pour Artémis Braurônia, dans son sanctuaire de l'Attique où elles faisaient retraite, et plus tard elles apprenaient à danser la danse de l'ourse, en l'honneur de la déesse associée aux bêtes des bois. Enfin, devenues adolescentes, elles portaient les corbeilles renfermant les objets sacrés, à la procession des Panathénées. Et c'est encore à Artémis, la Vierge, qu'avant le mariage elles offrent le linge taché de sang par leur premier cycle indiquant la fécondité, et les rendant capables de procréer des citoyens.

De leur côté les garçons (il s'agit là, comme pour les filles, d'enfants nés de parents athéniens et libres), quand ils tranchent leur chevelure, la déposent devant l'autel d'Héraklès et font une libation. De l'état d'irresponsabilité, lié à l'enfance, ils passent à celui d'éphèbe qui va apprendre le maniement des armes et défendre sa cité, après avoir prêté le fameux serment.

L'énumération serait trop longue — mais on ne peut passer sous silence la *cryptie* lacédémonienne où, rendus à la condition de fauves, les jeunes *eirènes*, dissimulés dans les bois, traquent et abattent un hilote pour devenir des Egaux à part entière — l'énumération donc serait trop longue de ces étranges comportements où bascule l'ordre quotidien, où se trouvent bafouées des valeurs gardiennes de la respectabilité de chacun. L'inédit, l'inexplicable, et même l'aberrant, marquent ces rites qui, toutefois, sont codifiés et n'affectent que certaines classes d'âge.

Il n'en est pas de même en ce qui concerne les Mystères. Ils s'adressent à tous les adultes, de naissance libre ou non, hommes ou femmes, pour ce qui a trait à Eleusis, tout au moins.

Les Mystères orphiques, que l'on confond souvent avec ceux de Dionysos, invitaient les fidèles à percevoir enfin leur essence éternelle, et les raisons du conflit intérieur qui les déchirait, d'un bout à l'autre de leur existence. Apaisement par la lucidité. Apaisement de qui n'ignore plus d'où il vient et vers quoi il tend.

L'étrangeté émane toujours des moyens utilisés pour cette perte de soi, pour cette dépossession organisée.

La peur caractérise — et stigmatise pour nous — la transe dionysiaque, celle qu'apporte le dieu masqué comme sont masqués les acteurs du théâtre représentant les morts, devenus divins. La peur est liée à une transgression absolue des interdits, allant jusqu'à la bestialité. Jusqu'à une férocité proprement démoniaque. Faut-il, pour communiquer avec l'Invisible, entrer dans une transe si noire, bramer comme les fidèles des *thiases*, la tête renversée par le cri, à l'imitation des cerfs ? Faut-il furieusement danser sous la lune en humant, à

la façon des panthères, dont la peau couvre les
épaules des possédés, le sang de la victime ?

Dionysos est généralement entouré de ses aco-
lytes, créatures lippues au nez camard, pourvues
de queues chevalines et de sabots de boucs. Une
stupidité sans grâce altère leurs traits ; leurs ébats
sont visiblement dénués de joie, bien que débridés
et sous le signe du phallos prometteur, requérant
l'immédiat service. Le vin même de Dionysos,
derrière les liesses réconfortantes de l'ivresse,
montre ses caricatures. Sa bonhomie cache l'autre
aspect, celui des frénétiques démences, porteur de
songes ténébreux.

Mystère des Mystères mêmes. Que nous con-
seillent-ils en réalité ? La retenue de qui sait, et ne
sera plus jamais dupe de ses propres désirs, lesquels sont tantôt sublimes et tantôt infamants.

La grappe, l'épi, le lierre, les symboles sexuels
de la fécondité, les ténèbres et la lumière, le
silence, l'extase et l'épouvante, la danse et la
musique dans le rougeoiement des flambeaux, telles sont les composantes de ce théâtre sacré où
chacun se sait non plus seulement spectateur, mais
acteur concerné jusqu'au plus intime de sa fai-
blesse et de son besoin de secours.

Les célébrations de Mystères abondent dans le
monde antique. Hérodote signale ceux de
l'Egypte, qu'il rapproche des Mystères d'Orphée,

Orphée et Osiris ayant subi, l'un et l'autre, même
« passion ». Citons donc :

en Egypte :	Mystères d'Isis et d'Osiris
en Syrie :	Mystères d'Adonis
en Perse :	Mystères de Mithra
en Phrygie :	Mystères de Cybèle et d'Attis
en Cappadoce :	Mystères d'Artémis
en Carie :	Mystères de Zeus Kômyros
	Mystères d'Hécate
en Thrace :	Mystères de Dionysos
	Mystères de Bendis
	Orgies de Cotys
	Mystère de Brauro, la déesse ourse (qu'on retrouve en Attique)
en Crète :	Mystères de Zeus.

Et sur le territoire de la Grèce même :

Mystères des Cabires (célébrés à Samothrace, à Lemnos, en
Béotie)
Mystères d'Hécate, à Egine
Mystères des Dioscures, à Amphissa de Locride
Mystères d'Héra, à Argos
Mystères d'Aphrodite, à Cypre
Mystères de Dionysos, en Crète, en Béotie, à Delphes, à
Athènes.

Bien entendu, ce sont les Mystères de Dèmèter
et de Perséphonè qui s'implantent le plus fréquemment, et dans les lieux les plus inattendus :

à Sparte, à Aigila de Laconie
à Mégare (où les femmes portent poignards et torches)
à Akakésios d'Arcadie, à Thelpusa, à Basilis, à Mégalopolis

près de Phigalia (où Dèmèter est surnommée la Noire ; noter l'abondance des cultes chtoniens en Arcadie)
à Olympie
à Epidaure et Egine, où l'on vénérait les Deux Déesses sous le nom de Damia et d'Auxèsia
à Corinthe
au cap Malée
à Thèbes, où le roi Kadmos, né en Phénicie, passait pour avoir introduit ces pratiques
à Lébadéia de Béotie, où Dèmèter devenait la nourrice de Zeus.

Enfin à Lerne, dans le Péloponnèse, aussi bien qu'à Cyzique de l'Hellespont, à Trapézonte du Pont-Euxin, se célèbre, avec des rites similaires, plus ou moins proches du cérémonial dionysiaque, la Dèmèter donneuse de pain, donneuse de vie.

Pythagore

Les miroitements d'Orphée suscitent une apparition très haute, telle qu'on était en droit de l'attendre : celle du Maître de Samos.

S'effacent, s'amenuisent les cris et la cohue pieuse des Grandes Dionysies, les mille éphèbes en armes, le spectaculaire défilé des taureaux, représentant Dionysos lui-même qu'on va sacrifier. C'est par Apollôn, cette fois, que le fidèle veut accéder à la clairvoyance, qui procure allégement et lente métamorphose.

Doit-on considérer Pythagore de Samos comme

un simple adepte des doctrines orphiques ?
Comme le continuateur fidèle d'une tradition qui
se veut, avant tout, purificatrice ? Comme un
homme d'une envergure exceptionnelle, qui sut
ordonnancer, et en quelque sorte catalyser, les éléments touffus d'un héritage plus ou moins altéré
par les apports légendaires ?

Certes il est incontestable que Pythagore a
mené, quoique à demi divinisé après sa mort, une
existence parfaitement humaine.

On le dit né en 572 (ou en 580) de Mnésarkhos
et de Pythaïs, qui vivaient à Samos d'un métier
apportant à la fois raffinement et modeste aisance :
celui de joaillier-lapidaire. Tout a été recensé des
étapes d'une formation intellectuelle qui s'acheva
par de nombreux voyages. Le grand homme de
Syros, le sage Phérécyde, auteur d'une *Cosmogonie*, fut probablement son premier maître, et
l'éveilla à cette curiosité relative aux origines de
l'univers, aux principes les illustrant et sur lesquels avait déjà glosé Thalès de Milet, le « physi-
cien ». Une fois mort Phérécyde, son élève erra
pendant une douzaine d'années, portant avec lui,
comme le fit Hérodote, pour gratifier ses hôtes,
quelques pièces d'orfèvrerie précieuses, des coupes ornées de guerriers dansant la pyrrhique ou de
chars attelés de fiers chevaux syriens.

A Naukratis, les Grecs avaient obtenu la protection du pharaon Amasis ; les natifs de Samos y
trouvaient bon accueil. On voit Pythagore, parlant

la langue du pays et vêtu de lin blanc comme un prêtre, recevoir du clergé certains secrets relatifs à la nature des dieux. Il apprend la manière de calculer avec l'abaque, il se procure des pierres et des métaux. La géométrie, sur une terre régulièrement inondée, où les mesures d'arpentage sont toujours remises en question, la géométrie pour lui s'incarne. Il en voit, à l'œil nu, les lignes tirées sur le matériau sacré, les champs où prolifèrent les dons des dieux. La géométrie est révélation, sa beauté le subjugue. L'empire du nombre — sorti de l'Un, et cet Un à milliards répété — s'étend visiblement à tout l'Univers.

En 539, Kuros (Cyrus) prend Babylone et autorise les juifs déportés à regagner Jérusalem ; des médecins, des artistes grecs affluent à la cour du Grand Roi. Dans quelle cité fastueuse et barbare Pythagore découvre-t-il l'astronomie chaldéenne ? Il s'initie à une observation plus précise des astres qu'on ne le faisait à Milet, au calcul des éclipses déjà pratiqué là-bas ; il manie diverses monnaies, il se familiarise avec d'autres systèmes de poids et de mesures (le sexagésimal, au lieu du décimal grec) et avec l'usage des fractions.

Quelques années plus tard, il gagne la Crète, patrie d'Epiménide de Phaïstos, à la fois devin et poète, purificateur en renom, étrange personnage auquel s'identifie sans doute, beaucoup plus tard, Empédoklès d'Akragas (Empédocle d'Agrigente), auteur des *Katharmoï* ou *Purifications*. Là, sur le mont Ida, dans la caverne même où Zeus est né, où la chèvre Amalthée a nourri le rejeton divin, Pythagore reçoit, au cours de vingt-sept jours — temps d'une lunaison complète —, l'initiation que lui confère un successeur d'Epiménide, par le sel, par l'eau et par la pierre magnétique, dite pierre de foudre.

Contempla-t-il, comme un objet sacré porteur de révélation, l'énigmatique spirale sculptée dans la pierre, relatant un périple que nul, jusqu'ici, n'a pu identifier, et qu'on désigne sous le nom de disque de Phaïstos ? Découvrit-il ces pèlerins portant, en guise de coiffure, un hirsute cimier rappelant la crinière des sangliers de Lycie ? Ces pèlerins qui se rendaient peut-être au pays d'Hyperborée d'où vient Apollôn ?

Les incantations que le devin longuement psalmodie devant son novice se réfèrent sans doute aux cent cités crétoises, à Minos, aux déesses brandissant des serpents, au labyrinthe meurtrier, aux lis et aux guêpiers roux. De là, une fois sorti de la caverne, Pythagore contemple, comme dans un miroir où tout ce qui vient d'être évoqué se reflète, l'infini déploiement du ciel où s'ordonnent, avec une précision géométrique, les myriades de soleils toujours en train de naître, de se façonner à partir du vide.

Juste avant de quitter la Crète, Pythagore en épouse l'image symbolique : la Crétoise Théano.

Il fallait exposer les grandes lignes d'une quête aboutissant loin de la Grèce, et qui fut pour la Grèce, pendant des siècles, et qui reste pour l'humanité, une référence essentielle, une exigence de beauté, de rigueur, l'origine d'investigations dans ce que nous nommons domaine scientifique, comme dans une prise de conscience menant à la connaissance de soi et de ses possibilités propres.

Poète d'abord, il le fut, exactement à la manière d'Orphée, son office n'étant pas de célébrer, comme Homère ou Hésiode, la geste des dieux, des héros, des guerriers. Car Pythagore étend la poésie à l'orientation qu'il donne à sa propre vie : il est un homme de *devenir*, un homme qui croit aux incitations que les dieux sans cesse multiplient, par cela même qu'ils ont inclus les hommes dans le Jeu du Monde.

Participant à cette harmonie (se travaillant pour y participer toujours mieux), il ne s'agit pas, pour les fidèles des doctrines pythagoriciennes, de s'approprier quoi que ce soit. Il s'agit de suivre les lois d'un certain rythme secret, d'une certaine musique du Nombre, grâce auxquelles cesse la dualité inhérente à la nature mortelle (à la fois dionysiaque et apollinienne), et s'opère la purification ayant pour résultat l'identité avec les dieux qui nous y invitent.

Le mirage de l'impossible s'incarne là, en Occident, en ce point précis du temps, dans un homme passionné.

Car aussi maître de soi qu'il parût, qu'il se révé-
lât, Pythagore est un homme passionné. Il pressent,
il contemple les interactions multiples entre toutes
choses, dans tous les domaines, à tous les niveaux,
interactions régies par des lois d'arithmétique, de
géométrie. D'où, pour lui, une nécessité d'ascèse,
mais sans aucun excès, une ascèse de pur allégement. Lui semble indispensable, du même coup,
une révision de la conduite publique que les législa-
tions, vaille que vaille, déterminent et endiguent.
Ne se voulant pas seul à posséder le bon usage de
soi, dans le privé comme en société, Pythagore est
un réformateur et un homme politique.

On attribua à Pythagore un nombre considéra-
ble de traités, encore que certains commentateurs,
comme Aristoxène de Tarente (IVe siècle), source
importante de renseignements sur le Maître, ose
affirmer (d'après Diogène Laërce) que les
maximes morales de Pythagore ont été empruntées
à une prêtresse de Delphes. En fait, il s'est déjà
passé trop de temps pour que les assertions des
partisans ou des adversaires de Pythagore soient
dignes de crédit. Comment savoir si oui ou non
Pythagore s'est abstenu d'écrire pour ne pas profa-
ner des secrets que les non-initiés ne devaient pas
connaître ?
La légende rapporte que Platon, lequel montra
un intérêt extrême pour les enseignements de

l'Ecole, aurait acheté cent mines (une fortune !) des écrits jusque-là préservés de toute divulgation, et dont le pythagoricien Philolaos (Vᵉ siècle) aurait autrefois consenti à se dessaisir.

En bref, on cite, d'après diverses sources, très nombreuses et plus ou moins tardives, enflammant les imaginations, une dizaine de traités, dont : *Traité de l'Univers, Traité de l'Ame, Traité de la Piété, L'Education, La Politique, La Physique, Considérations, Discours sur Abaris, Descente aux Enfers* (à ce propos, Ion de Chios accuse Pythagore d'avoir attribué à Orphée certains de ses poèmes...), *Livres prophétiques.*

Les successifs compilateurs de cette liste fort abrégée n'ont pas manqué d'adjoindre aux textes quelques propositions de leur cru. De sorte qu'il ne reste que des probabilités qui ne sont étayées que par la véhémence de ceux qui les soutiennent : à travers tout cela, il apparaît que Pythagore a ébranlé profondément les hommes de son temps, et plus encore ceux qui ont saisi le prix de son message, plusieurs générations après la mort du Maître.

Les deux vers les plus fréquemment cités dévoilent l'importance de ce serment que prêtait chaque adepte, et où Pythagore rappelait le concept sacré de la *Tétraktys*, racine de toutes choses[1].

---

1. ναὶ μὰ τὸν ἀματερα ψυχᾷ παραδόντα τετρακτὺν, παρὰν ἀενάου φύσεως (oui, par celui qui a transmis à notre âme la Tétraktys, source de la Nature éternelle).

Par ailleurs, il semble qu'on puisse accorder quelque créance au *Discours sacré*, avec lequel les *Vers d'Or* partiellement se confondent ; *Vers d'Or* dont la teneur a cette noblesse et cette simplicité qu'on souhaite découvrir, ce qui ne prouve nullement leur authenticité.

Pêle-mêle, et parmi ceux qu'ont enfiévrés la question, il faut remettre en mémoire des personnages comme Aristote (IVe siècle), Aristoxène de Tarente (IVe siècle), Théophraste (IVe siècle), Timée de Tauroménium (IVe siècle), Héraclide du Pont (IVe siècle), Apollodôre d'Athènes (IIe siècle), Polybe (205-125), Diodôre de Sicile (Ier siècle), Cicéron (106-43), Strabôn (63 av.-20), Plutarque de Chéronée (50-120), Aétius (IIe siècle), Aullu-Gelle (IIe siècle), Diogène Laërce (IIIe siècle), Porphyre de Tyr (233-303), Jamblique de Chalcis (250-300).

Le choix, ici fait, est déplorablement restreint, des commentateurs de toute provenance. Etonnant fleurissement, sur le terreau humain, d'un personnage exemplaire, et qui donnait aux questions essentielles, toujours demeurées sans réponse, des orientations multiples s'accordant avec leur complexité même.

L'observation de certains préceptes moraux met l'esprit en bonne disposition pour pénétrer jusqu'au cœur des énigmes : énigmes du corps, en premier lieu, du corps où se reflète le schéma du Monde.

« *Quant à ce qui suit, habitue-toi à t'en rendre maître :*

En tout premier lieu, l'appétit et le sommeil, puis la luxure et la colère. Jamais ne commets une action honteuse.

... Par-dessus tout, respecte-toi toi-même.

... Sache que les vivants sont destinés à mourir.

Quant aux richesses, exerce-toi indistinctement à les acquérir et à les perdre.

... N'admets pas le sommeil

avant d'avoir examiné chacun des actes de ta journée, disant :

En quoi suis-je répréhensible ? Qu'ai-je accompli ?

Lequel de mes devoirs ai-je négligé ? »

Après quoi, l'observateur minutieux de son propre comportement est en mesure de jauger, en toute humilité, l'œuvre divine ; pacifié, épuré, il peut se lancer dans des investigations hardies, mettant en jeu tout un système de théories, d'abstractions, de mesures précises dont la justesse est, pour nous, quelquefois stupéfiante, dont la valeur scientifique demeure incontestable, comme celle du célèbre théorème de Pythagore. Sans aucun instrument et sans l'aide des techniques facilitant la besogne à ceux qui viendront ensuite, le Maître a montré que les hommes étaient, par leur nature même, nés pour l'exercice du génie.

Bien entendu, l'Ecole de Milet venait d'ouvrir

la voie ; bien entendu, les souvenirs de l'Egypte
et de la Chaldée favorisaient ce « précipité » et cet
enthousiasme que la raison canalisait.

Beau donc, sereinement beau, impérieusement
beau : tel apparaît le Maître (on pense à Lanza del
Vasto, poète de grande prestance, qui fonda une
modeste communauté, mais où soufflait l'Esprit).
C'est à Crotone, cité d'une salubrité proverbiale,
par opposition à Sybaris où la malaria faisait des
ravages, que débarque Pythagore.

Crotone avait reçu, en 710, un contingent de
colons doriens. Héraklès, dont furent frappées plus
tard des monnaies d'argent le montrant aux prises
avec des serpents, y était vénéré à l'égal de la
Grande Mère, laquelle devint Héra Lakinia. Dès
le VIᵉ siècle, les pèlerins se rendaient dans son
sanctuaire, demeuré l'un des plus fameux de l'Antiquité, pour y demander la pluie. Par la suite,
Pythagore, fervent d'Apollôn hyperboréen, fit
frapper une monnaie portant au droit Héraklès
avec le laurier delphique, et au revers Apollôn
combattant le serpent Pythôn.

Grâce au concours d'hommes de valeur, déjà
installés à Crotone, rendue célèbre pour son école
de Médecine, et qui savent aussitôt quel apport
représente pour eux un pareil émigré, Pythagore
fonde une communauté. Les disciples affluent et, à
l'apogée du mouvement, on en compte trois cents.

Là sont enseignées toutes les espèces de connaissances que le voyageur de Samos a pu recenser, et dont les interférences mêmes, *le caractère complémentaire*, accroissent la portée : Arithmétique ou Théorie des Nombres, Géométrie, Astronomie, Science de la Musique, Physiologie, Médecine, Géographie, Physiognomonie.

Bien entendu, ce qui caractérise la spéculation pythagoricienne en lui donnant toute sa valeur, c'est d'abord l'esprit de synthèse résultant de ces rapprochements féconds. Esprit de synthèse dont l'exercice est à la clef de tout progrès humain. Les vues n'étant plus fragmentaires, arbitrairement séparées, mais côte à côte s'éclairant l'une l'autre (c'est-à-dire à l'inverse des démarches de notre propre siècle).

L'exercice de toutes ces disciplines ne se concevait que sous surveillance : celle du Maître organisant, contrôlant la croissance particulière de chacun des disciples. Il fallait donc une règle commune, comme cela se pratique dans nos monastères. L'hétairie devint un lieu d'études et de prière.

L'initiation, dont nous entretient beaucoup plus tard Aristoxène de Tarente, né vers 350, et premier théoricien dans l'histoire de la musique, avec ses *Eléments harmoniques*, l'initiation donc était très longue, puisque, après un postulat de trois ans où tout était soupesé de la conduite du candidat, venait un noviciat qui durait cinq années.

Là, après un nouvel examen, l'aspirant au

savoir est tenu au plus rigoureux silence ; le Maître ne lui parle que derrière un rideau. Initié enfin,
il devient ésotérique et membre de l'hétairie. Ses
activités touchent aussi bien au domaine de la
piété et d'un approfondissement moral qu'à celui
des diverses sciences.

A côté des ésotériques, constituant une sorte de
famille austère, groupée autour du Maître, avec
leur famille (Pythagore ayant lui-même épouse et
enfants), sont accueillis les adeptes venus de toutes parts et que leurs occupations ou leurs responsabilités dans la cité, à Crotone, ou dans des cités
lointaines, dispensent des rituels quotidiens. Ce
sont les exotériques. Ils sont parfois assez
influents, quoique tenus d'être irréprochables,
pour servir la cause de ce grand courant de pensées et d'innovations proprement téméraires.

Si téméraires que progressivement grandit
l'exaspération chez ceux que ne tentait pas un
pareil programme de vie, si nuancé, si complexe,
si riche mais si contraignant.

En effet, levé à l'aube, l'ésotérique médite
avant de faire dans la campagne ou sur la grève
une promenade solitaire. Là, tout est sujet d'attention, de stupéfaction pleine d'amusement et de
gratitude. Il prend son temps pour examiner ce qui
se présente : lézards, cigales, cistes odorants,
nuées d'averse, graines du mystérieux pavot,
immense silhouette en vol d'un aigle-pêcheur.

Après les heures consacrées à l'étude, vient le

moment où recueillir les admonitions religieuses. Puis le corps reçoit son dû, qui doit lui conserver beauté et élan vital : les massages et les exercices d'athlétisme alternent.

Il a fallu attendre jusque-là — car il faut atteindre à la maîtrise des pulsions élémentaires, celle de la faim d'abord — pour prendre un premier repas frugal en commun. En silence ? Certes non, mais sans tumulte.

L'après-midi débute avec les enseignements touchant le bien public, à savoir le gouvernement d'un Etat. Exposé tout théorique d'abord, mais qui prend consistance au cours des années, et devient délibération extrêmement réaliste à propos des us et faits de la cité.

Pythagore prétend améliorer non seulement les hommes de son entourage immédiat, mais aussi le fonctionnement des institutions. Parce qu'il conçoit que la cité tout entière doit entrer dans le courant d'un devenir harmonieux, il outrepasse les prérogatives du savant, du poète, de l'éveilleur des consciences : il fait de la politique.

A la fin des journées, toutes égales dans leur serein déroulement, certains plaisirs sont tout de même accordés. Le bain d'abord, la musique qu'on apprend, qu'on écoute, et peut-être, et sans doute avec modération, parce qu'elle est dionysiaque : la danse.

Après les libations et les prières devant un autel, principalement celui d'Apollôn, le divin archer qui manie aussi la lyre, on dîne solidement cette fois, mais avec des nourritures innocentes, sans que soit sacrifiée, pour la survie d'autres créatures, aucune bête dont les plaintes auraient été sujet de honte.

Car le premier des préceptes en honneur chez Pythagore, comme il l'avait été chez Orphée (comme il l'est dans la Bible) est :

« Tu ne tueras point ! »

Une émouvante, une tendre amitié, un compagnonnage qui se traduisait par l'entraide spontanée, tel était le climat de cette société idéale où devait s'épanouir le foisonnement des curiosités joyeuses, enthousiastes que tout homme — et d'abord l'enfant qu'il a été — recèle.

Comment s'étonner si cette extravagante tentative, requérant de chacun l'amour de la simplicité, de la sincérité, d'une frugalité ravivant le plaisir même, le plaisir du pain savoureux, des olives luisantes, du vin « aux sombres feux », comment s'étonner si la multitude que quelques aristocrates, par intérêt, travaillaient et rendaient méfiante, voire hostile, s'est déclarée contre ? Contre cette intransigeance, demandant des efforts, ce à quoi *Dèmos*, de tout temps, répugne.

Averti, Pythagore dut prendre la fuite. Sa maison qu'investissait la foule échauffée des mauvais jours de l'histoire, fut la proie des flammes. A Métaponte cependant, au creux du golfe de

Tarente que surveillaient les descendants des Lacédémoniens, il put continuer à mettre en œuvre, à mettre au net ce qui reste toujours pour nous un apport exemplaire : mélange de rigueur dans la quête scientifique, absolument *désintéressée*, et d'honnêteté parfaite, d'humilité fière en face de soi, en face des dieux.

Nous ne serons pas quittes si rien n'a été, sinon précisé, du moins formulé, des découvertes de Pythagore relatives à ce qu'il a entrevu et sur quoi il s'est appuyé.

S'érige d'abord la primauté du Nombre. Pythagore n'a pas prétendu que toutes choses naissaient du Nombre, mais que tout était établi conformément au Nombre.

L'Un, la Monade, représente l'Achevé ; tandis que la Dyade, élément imparfait d'où naît la division, est l'Inachevé, donc à l'origine des manifestations matérielles.

Mais ce monde des apparences sait équilibrer en lui-même, harmonieusement, l'Achevé et l'Inachevé, ce qui permet une réconciliation des réalités singulières et contradictoires. Ainsi d'Apollôn et de Dionysos dans leur complémentarité.

Il n'est ni dans nos compétences ni dans l'étroite perspective de cette méditation touchant Pythagore d'exposer l'apport de l'homme de science. Car il faudrait parler des spéculations

engendrées par les nombres pairs et impairs. Les
nombres impairs, en séries gnomiques, figurant un
carré, tandis que la succession, dans un espace
plan, des nombres pairs, prend la forme d'une
équerre. Tâtonnantes approches concrètes qui per-
mettront le saut, encore jamais accompli, dans ce
vide qu'est l'abstraction. Et de là les combinaisons
sans support palpable d'où est né ce qu'on appelle
maintenant l'algèbre. L'ensemble toujours en
rapport avec la célèbre Tétraktys ou Décade, nombre sacré résultant de l'addition des quatre premiers   chiffres,   et   base   de   la   numération
traditionnelle.

On ne peut que citer, en passant, les démonstra-
tions géométriques faites à propos de la somme
des angles d'un triangle (Thalès ayant résolu déjà
le problème) d'où découle le fameux théorème de
Pythagore ; la première construction du penta-
gramme   ou   triple   triangle,   qui   avait   pour   les
Pythagoriciens une valeur symbolique, leur servant de signe de reconnaissance ; les problèmes
de la quadrature du cercle, et ceux des paraboles,
hyperboles et ellipses. Quelle n'est pas notre per-
plexité révérencieuse devant l'irrationalité de la
diagonale du carré, l'un des termes qui devrait être
pair étant en fait impair ! Il en résulte une impossi-
bilité d'écrire le rapport de cette même diagonale
et du côté du carré !

La conclusion, pour le non-scientifique, est que
la diagonale et le côté du carré sont deux gran-

deurs incommensurables entre elles. Et cet infime détail rend l'Univers à son extravagance fascinante, à sa sauvagerie irréductible, débordant hors de nos raisonnables catégories.

A n'en pas douter, Pythagore avait, devant ce paradoxe, le même sursaut d'amusement.

L'essentiel reste à dire : ce qui fait de Pythagore le pur continuateur des traditions orphiques.

Comme Orphée, Pythagore affirme que ce n'est pas le corps qui reçoit une âme en naissant, mais l'âme immortelle qui migre de corps en corps afin, non pas d'expier ses fautes, mais de comprendre le pourquoi et le comment d'une conduite bornée, dont elle pâtit la première. Et cela jusqu'à ce qu'un affinement de l'être se soit produit, une décantation permettant allégresse et clairvoyance. Car de chasseur on devient chassé, de victime attachée à la souffrance on se fait bourreau, de jouisseur on choisit de se muer en ascète : ainsi acquiert-on, à travers les multiples rôles tenus ici-bas, une infinité de points de vue qui permettent le choix et un accord avec les manifestations harmonieuses de l'Univers.

La moralité n'entre pas ici en jeu, telle qu'elle se montre, quand restrictive. Elle n'est ni sécheresse ni mutilation, comme le rappellera plus tard Aristoxène de Tarente. Mais beauté absolue. Car, pour Aristoxène, toute vertu ne s'obtient que par

la *philocalie* (en honneur chez les moines ortho-
doxes du mont Athos, à l'heure actuelle, après
vingt-trois siècles...).

C'est pourquoi la musique (à l'imitation de la
Musique des Sphères) demeure, à travers l'ensei-
gnement pythagoricien, le moyen par excellence
qui permet de s'affranchir de la pesanteur. Le
manger trop, le trop dormir, le trop s'éprendre d'*il*
ou d'*elle*, quelle redondance dans l'opacité ! La
musique, elle, délie, apaise, lisse l'âme et le corps
toujours en pleine anarchie quotidiennement.

La musique existe et n'existe pas, comme nous-
mêmes, comme les dieux, comme toutes choses.
Car elle vague à travers l'espace à la manière
d'une fumée, mais plus immatérielle encore puisque totalement invisible. La musique est comme la
voix du Vent qui trahit la présence des Immortels.

Que se passe-t-il ? De quelle nature exacte est le
son, pur mouvement qu'on ne peut saisir, regarder,
flairer ?

Tout comme la sphéricité de la Terre, que
Pythagore fut le premier à concevoir sans du tout
parvenir à étayer pareille assertion, née de l'intuition — la musique se révèle scandaleuse évidence.

C'est grâce à des exercices minutieux, sur les
cordes tendues d'une lyre, que Pythagore se fami-
liarisa avec les phénomènes du son, des sonorités,
dont différenciations et écarts lui apparurent
comme liés au nombre.

Pour imaginer que les astres émettaient eux

aussi, dans leurs immuables déplacements, dans leurs interférences colossales, une musique née de ce glissement à travers l'infini, il fallait accepter la perte, la perdition de soi, posté sur une Terre dérisoire. Chez Pythagore, le poète et l'homme de science se contredisent et se complètent tout ensemble. Attitude rendue, au cours des siècles suivants, obsolète, mais qui semble renaître à notre époque.

La musique, donc, dans la communauté pythagoricienne, était à la fois plaisir des sens et remède à la souffrance, aux tourments, aux chagrins. La musique était guérison du corps, en premier lieu, ses schémas imaginaires, mais omnicients, rétablissant l'équilibre et l'harmonie.

La musique touchait au-dedans les points sensibles, les points qui sonnaient faux, parce que désaccordés. Ses rejets lumineux, chargés de flux, d'influx se montraient capables de produire une cicatrisation soudaine, vraiment miraculeuse. Et ce miracle pouvait être à volonté répété. A volonté on s'y abandonnait, comme à l'écoute fervente du chant des oiseaux.

Et certes le chant des oiseaux, pour Orphée, était voix divine, langage de la plus pure jubilation ; on en reçoit l'éclat en plein visage, en plein cœur.

Science extraordinaire de l'oiseau qui avance,

qui pose le phrasé de sa mélodie avec une justesse
n'ayant jamais besoin d'apprentissage ni de réfé-
rences. (On n'accorde pas, comme une lyre, la
voix d'un oiseau ; l'oiseau et l'instrument se confondent.) Certains oiseaux, bien entendu, polis-
sent, perfectionnent les sonorités d'une ritournelle,
mais d'autres, avec un toucher intérieur, qui subjugue l'écoutant, osent et se reprennent, font jaillir,
dans la perfection du timbre et de l'élan, des
inventions savantes, contenues dans les limites
d'un code qu'ils connaissent : celui de leur espèce.

Qui n'a senti l'envol intime, le sentiment de
délivrance que suscite le chant de l'alouette en
plein midi, du merle au soir, de la grive à l'aube,
du rossignol nocturne ?

Pour en finir avec Pythagore et pour en venir à
celui qui, un siècle plus tard, eut une envergure
sinon aussi prodigieuse, au moins comparable,
Empédoklès d'Akragas que nous nommons Empédocle d'Agrigente, il faut évoquer les pouvoirs
miraculeux dont on le dotait, comme on les attribua ensuite à Empédocle, et comme on en avait
paré Orphée.

L'accroissement de prestige qui en résulte rend
toute véracité négligeable aux yeux du commun.
Ce sont là des hommes pétris directement par le
vouloir des dieux et dont la chair devient sacrée.
Cette beauté sur laquelle on insiste tant, à propos

de Pythagore, était à coup sûr conforme aux exigences de la statuaire grecque, et de plus il devait avoir la blondeur si prisée qu'ont apportée, chez les peuples d'Ionie, noirs de poil, aux paupières bistrées, presque orientaux, les envahisseurs nordiques, les Doriens.

Néanmoins, en ce qui concerne Empédocle, on ne trouvera nulle allusion à cette magnificence physique qui a toujours subjugué les Grecs et qui est pour eux la preuve de toute filiation divine. De lui on vantera la prestance, l'arrogante manière de se mettre en scène, les excès dans le don de la parole. Mais Empédocle était sicilien, donc ténébreux et frissonnant d'un magnétisme plus dionysiaque qu'apollinien.

Lui, le Maître, il se taisait d'abord. Son élocution devait ressembler à celle de Périklès qu'on qualifia d'olympien, bien que la foudre éclatât parfois dans ses discours. La légende veut que Pythagore s'astreignît à ne pas rire et même à ne pas sourire. Mais on en a dit autant de Périklès. La foule voue parfois un culte à qui lui ressemble le moins.

Il appert toutefois qu'Empédocle comme Pythagore furent des hommes sévères.

Quelles différences peut-on déceler entre l'Orphisme et le Pythagorisme, question aussi délicate qu'importante ?

Restent communs les principes fondamentaux :
l'immortalité de l'âme et sa transmigration inévitable, d'un corps à un autre, jusqu'au dépouille-
ment rendant cette âme enfin limpide.

Il semble donc, à première vue, que l'orientation soit exactement la même, s'appuyant sur des
règles de vie définies de manière stricte, qui tendent d'abord à la *purification*.

On a moqué les interdits, parfois étranges à nos
yeux, pour ne pas dire saugrenus, attribués à
Pythagore. On a aussi dénoncé chez Orphée des
pratiques qui relèvent de la magie.

Certes, Pythagore et ses disciples avaient la plus
grande révérence pour l'Enchanteur, le Musicien,
qui savait réellement apprivoiser les bêtes sauvages et apaiser les tempêtes. Mais tandis que, pour
Orphée, il était essentiel d'étayer toute foi religieuse, ce qui entraîne une prolifération d'éléments   mythologiques   et   mythiques,   pour
Pythagore, la présence du divin, quelle que fût
l'explication qu'on en donnât, était d'abord un fait
d'expérience, d'immédiateté.

Il est évident que la Monade pouvait être identi-
fiée à l'Œuf originel, propre aux Orphiques. Mais,
pour Pythagore, le divin se manifestait dans les
découvertes ininterrompues, faites par un esprit
éveillé, que ce soit dans le jeu du concret comme
dans l'abstraction, ces deux modes d'approche se
complétant l'un l'autre.

Il faut imaginer Pythagore scrutant les abîmes

du ciel ; il faut imaginer cet homme en quête de tout, notant le pas à pas de son aventure à travers l'inconnu, à travers l'inconnaissable.

Beaucoup de questions resteront sans réponse, qui rougeoient comme des feux de position, dans notre nuit.

Et d'abord, quel genre de gouvernement Pythagore prônait-il ? Le compagnonnage si chaleureux de la communauté pouvait-il s'étendre à toute une cité ? Etait-il licite d'envisager un partage des obligations et des responsabilités, tel qu'en présente toujours, comme un leurre, la démocratie qui voudrait nous faire croire que les désirs et les besoins de chacun peuvent être unifiés, cofidiés, et que chacun est capable de choisir, de son plein gré, la bonne marche des affaires publiques avant de penser aux siennes ?

La démocratie étant une gageure perdue d'avance, mais sur laquelle il faut, de siècle en siècle, miser comme on mise sur l'acclimatation d'une plante superbe mais extrêmement fragile, la démocratie étant irréaliste, que conseillait Pythagore ?

Lui, il ne savait que trop à quel point le cheminement et le degré de conscience des individus pouvaient différer ; il connaissait l'obsédante, la primordiale envie de jouissance de *Dèmos*, frugal malgré lui et souvent affamé, d'où un délire de fantasmes touchant à toutes les espèces possibles d'assouvissement.

Face aux bien-nantis qui le haïssaient, qui complotaient sa perte, Pythagore faisait figure d'anarchiste. Face à la populace, il jouait le rôle d'un censeur sévère. Il est incontestable que, comme Empédocle plus tard, il se disait démocrate et ne l'était pas. Le pouvoir, à l'évidence, ne pouvait appartenir qu'au petit nombre, formé de gens éclairés, zélés, probes jusqu'à l'héroïsme s'il le fallait. Comment s'en remettre à ceux qui ne voyaient pas plus loin « que le bout de leur nez » ? Et, de ce fait, encore dans l'enfance de la condition humaine ?

Certes, répétons-le, Archytas de Tarente (440-350) mit à profit les richesses de ce patrimoine fondé sur la clairvoyance et une compassion absolument dénuée de condescendance. L'Ecole de Tarente rassembla une belle pléiade de célèbres penseurs et savants. Archytas, quoique (et parce que) métaphysicien et moraliste, musicien qui énonça la théorie des harmoniques, géomètre capable de définir la duplication du cube, technicien inventeur de la vis et de la poulie, constructeur de la première machine volante (rêvait-il d'Icare ? N'en doutons pas !), fut en tant que Pythagoricien, et unique dans cet emploi, un chef d'Etat de grande valeur.

A la guerre, comme dans ses relations pacifiques avec les cités voisines, il se montra digne de

Pythagore. Le premier, il instaura une République des Sages. Dommage que son fonctionnement reste pour nous du domaine du rêve...

Il ne faut pas, dans tout cela, négliger l'importance que gardait, chez les Pythagoriciens, la formation d'un être de valeur, ce qui ne s'improvise pas.

Car huit années semblaient nécessaires au Maître pour qu'on prît conscience de ses talents et de ses manques originels, pour qu'on assumât le rôle, différent pour chacun, mais à chacun proposé dès sa naissance.

Cheminement ardu, transformation de l'âme et du corps ressemblant au façonnement des métaux par le feu, aux exercices patients des athlètes.

Alors que l'initiation aux Mystères d'Eleusis ne requérait nulle ascèse (mais se faisait tout de même en deux étapes : les Petits Mystères de printemps et les Grands Mystères de l'automne), l'initiation complète, avec obligation du secret absolu, telle que la conférait le Maître, couronnait une persévérance qu'on veut croire, qu'on sait avoir été pleine de félicité.

Entreprendre de faire le recensement de ceux qui ont été acquis aux doctrines de Pythagore, disciples directs et disciples des première, seconde et troisième générations, est ici chose impossible. Il faut seulement retenir qu'ils affluèrent en venant de partout et qu'ils répandirent la parole à travers le monde grec et le monde dit barbare. L'héritage fut donc à la mesure de cette foi qui ouvrait des sillons dans tous les domaines de l'expérience. Afin de ne point bâtir sur de l'imaginaire, mais de cerner le pourquoi et le comment du réel.

La nouveauté, toutefois, et l'audace de l'assertion fondamentale resteront toujours valables : un vrai savant ne peut être, et ne doit être d'abord, qu'un sage.

Les provenances, les dénominations pittoresquement s'entrecroisent : Brotinos est né à Cyzique, Hippase à Métaponte, Epicharme à Cos, Archytas à Tarente, Cébès à Thèbes, Eudoxe à Cnide, Xénocrate en Chalcédoine, Eudoxe à Alexandrie, Anaxilaos à Larissa de Thessalie, Philostrate à Athènes, Numénius à Apamée, Porphyre à Tyr, Jamblique à Chalcis et Damascius, dernier chef de l'Ecole néo-platonicienne, qui a commenté les dialogues de Platon, meurt vers 540 de l'ère chrétienne. C'est dire la part du Maître, dans la formulation d'exigences fécondes, pendant un millénaire.

Bien entendu, les néo-Pythagoriciens tendent invariablement à réformer le mauvais usage que les gouvernements font de leurs prérogatives, d'où de nombreux traités sur les lois. Et si Platon a rédigé ce maître morceau, touchant les structures d'une cité idéale qu'est *La République*, c'est à Archytas de Tarente qu'il pensait et à ses traités :

Du Principe, Du Tout, Des Sciences, De l'Harmonie, Des Contraires, De la Logique, entre autres.

Conclure que Pythagore érigea un système d'où la philosophie occidentale est issue, il semble qu'on puisse le faire sans que la Némésis, qui sanctionne tout excès, puisse s'en offusquer.

Empédocle

Ce n'est pas d'un disciple, même de la seconde génération, qu'il sera question ensuite. C'est d'un autre poète, d'un homme qui cultive une sorte de délire cosmique, une provocante, une luxuriante étrangeté. D'un homme qui se fait mal voir et qu'on taxe d'exhibitionnisme.

Autant Pythagore est imperturbable, distant, sévère, autant Empédocle d'Akragas se complaît à entrer dans un rôle quasiment théâtral, rôle que le destin lui assigne et qu'il a reconnu pour être le sien.

Dans ce rôle-là, acteur sacré comme le sont les danseurs des temples devant la divinité, il prétend être partout à la fois, que ce soit en lui-même ou dans les phénomènes du manifesté.

Il s'agit là encore d'un « homme exemplaire », l'homme en puissance, capable d'accéder enfin à cette jeunesse de l'être, conforme au bouillonnement du devenir.

A la vérité, la foudre et l'éclat de rire d'une

illumination subite sont tombées sur ce Sicilien dont les mots se pressent, et qui balbutie, qui bégaie parfois dans le grand flux de la transe dionysiaque.

Pourtant, lui aussi sait atteindre à une très silencieuse majesté où n'entre pas de la pose, et qui traduit sa soumission, son adhésion à des lignes directrices, par lui perçues et longuement étudiées. Car Empédocle est extrêmement savant dans la science de la médecine. Et s'il se veut beau, s'il se pare avec outrance, c'est parce que le monde est fourmillant de splendeur. Et il ne convient pas de le déparer.

De loin, de tout près, considérons Empédocle couronné, drapé dans un vaste himation teint à la pourpre, que le vent marin gonfle comme une voile, comme des ailes.

Il est clair qu'Empédocle, qui a suivi le Maître à la trace, exulte à l'idée qu'il parvient enfin à sa dernière incarnation terrestre. Lui aussi prône l'exercice de la purification, de sorte qu'il entre, en tous points, dans la postérité d'Orphée.

C'est à Akragas, entre Géla et Sélinous, dans le sud de la Sicile, qu'est né Empédocle. Akragas a été fondée l'année de la 48e olympiade (585-580) par les Doriens de Géla dont les colonisateurs étaient venus de Rhodes et de Crète vers 680.

Les Sicules indigènes s'accommodèrent vaille

que vaille (ou décimèrent comme ils purent) ces marchands grecs dont les navires jetaient l'ancre toujours plus souvent. Au Vᵉ siècle, la cité d'Akragas et ses environs occupaient six cents hectares, chiffre extraordinaire, et s'ouvrait par neuf portes sur la vallée en contrebas. Dès 570, au temps de Phalaris, cinq des murailles de cinq mètres de haut et de trois mètres de large, où s'inséraient plusieurs tours carrées, l'avaient défendue contre les pirates carthaginois et les bandes armées. La source de Nestis produit des guérisons miraculeuses. Les temples y abondent, dont ceux d'Héraklès, des divinités chtoniennes, des Dioscures.

Quand naît Empédocle, le tyran Théron aménage la cité avec un luxe d'innovations qui provoquent la stupeur, probablement jalouse, des cités voisines. Outre le sanctuaire de Zeus, un gigantesque *Olympieion*, le plus grand temple dorique qui nous soit parvenu (cinquante-deux mètres sur cent dix mètres), on construit un aqueduc et un bassin où recueillir des eaux limpides. Akragas vénère Dèmèter et Korè, avec un rituel d'initiations sans doute emprunté à Eleusis. Des monnaies d'argent, les tétradrachmes, émises vers 450, portant au droit un aigle et au revers un crabe, symbole du fleuve éponyme, témoignent avec une rare beauté de l'opulence des colons.

Qui est Empédocle ? Un citoyen d'Akragas et, d'après Diogène Laërce, fils de Méton et petit-fils d'un Empédocle qu'Apollodôre a mentionné

comme vainqueur à la course des chars, aux jeux
Olympiques de 496. Seules les familles aristocratiques ayant droit de participer aux concours, il en
résulte que l'aïeul d'Empédocle était un homme
bien né.

Toujours d'après Apollodôre, il semble que
l'*akmè* d'Empédocle se situe en 444, au moment
où se fonde Thourioï qu'il visite aussitôt. Sa naissance, quarante ans plus tôt donc, daterait de 484 ;
c'est dire qu'il a environ l'âge d'Hérodote, dix ans
de moins que Périklès, douze ans de moins
qu'Anaxagore de Clazomènes et que Sophocle,
vingt-cinq ans de plus qu'Hippocrate de Cos qui
étudia ses travaux de physiologie, fort évidemment. Toutes dates approximatives, on s'en doute.
Mais permettant de mettre les uns et les autres en
position de donateur ou de bénéficiaire.

Fonda-t-il réellement une école en Sicile ? Certains le pensent. A cette époque, Hérodikos de
Sélymbria et Euryphron fondaient celle de Cnide,
qui fut la rivale de l'Ecole hippocratique.

Mais déjà Alcméon de Crotone (né vers 540)
qui eut avec Pythagore, alors au seuil de la vieillesse, les relations d'un disciple avec son Maître,
avait hardiment poussé ses investigations sur le
fonctionnement du corps humain. On le tient pour
le premier savant ayant pratiqué la dissection, non
seulement sur les animaux mais sur l'homme.

Ses théories sur le système vasculaire, où sont
distinguées veines et artères, sont reprises par

Empédocle qui compare la circulation sanguine au fonctionnement d'une clepsydre.

Il faudra attendre Gallien, six siècles plus tard, pour que ledit concept s'étaye plus solidement, et encore quatorze siècles pour que soit découvert, dans son entièreté, le mécanisme.

Mais Alcméon et Empédocle, en dépit des interdits religieux qui avaient été le principal obstacle aux progrès de la médecine égyptienne, vieille de plusieurs millénaires, médecine que l'un et l'autre connaissaient plus ou moins, ont osé dilacérer minutieusement une chair sans vie, qu'avait animée le souffle divin. C'était, et cela reste, une profanation.

Revenons aux premières années d'Empédocle : celles d'une mise en valeur de dons exceptionnelles. Fut-il lié aux Eléates ? C'est possible. Aux Pythagoriciens ? C'est certain. On le représente plein de l'ambition réformatrice qu'ont les jeunes « politiciens » à la suite de Pythagore et qu'aura Archytas de Tarente. Il se dit acquis à la démocratie, parce que cette attitude est souvent de bon ton chez les aristocrates (comme on l'a vu et le verra avec les Alkmaiônides, à Athènes). Mais une certaine arrogance le trahit, qui le montre seulement désireux de s'opposer au régime des tyrans, Théron ayant régenté Akragas jusqu'en 470.

La sentence de bannissement ne devait guère

tarder. Il pourrait dire, comme Alcméon : « Il est plus facile de se garder d'un ennemi que d'un ami. » En fait, il se contente d'ironiser, avec une feinte légèreté où perce la menace : « Les habitants d'Akragas se divertissent comme s'ils devaient mourir le lendemain, et cependant ils aménagent leurs maisons avec l'opulence de qui s'imagine vivre éternellement... »

A partir de là, Empédocle devient une manière de pèlerin qu'auréole la légende qu'il crée, un exilé dont le passage fascine les foules.

Au cours du voyage qui le conduira vers cette Grèce dont il va parcourir, l'une après l'autre, les principales cités, il vaticine avec l'ardeur d'un prophète, il guérit les malades, il psalmodie en s'accompagnant de la lyre, comme un fidèle d'Apollôn, des poèmes qui ressemblent à des incantations et où sont célébrés le chaos primitif et le façonnement cyclique des mondes. Ces poèmes, dont le hasard nous octroya une partie, comptaient, dit-on, cinq mille vers.

Sa pensée n'est cependant pas occultée par le délire. Elle est claire, vigoureuse, elle est d'un philosophe qui a découvert l'existence des quatre éléments originels : la Terre, l'Eau, l'Air et le Feu. Car Empédocle fut le premier de tous à appréhender, à associer ces composantes qui nous paraissent aller de soi (les physiologues ioniens faisaient un choix excluant le reste). Echo de la Tétrade pythagoricienne ? Et, par ricochet, de la Cosmologie égyptienne ?

« Apprends d'abord les quatre racines de toutes choses : Zeus qui rayonne (le feu), Héra donneuse de vie (l'air), Aidôneus (la terre) et Nestis (l'eau) dont les pleurs abreuvent les mortels. »

Et il précise : « Eléments éternels. » Avant de dire : « Les éléments prédominent l'un après l'autre, au cours d'un cycle, et s'absorbent mutuellement ou s'accroissent selon le rôle qui leur est assigné. Néanmoins ils restent les mêmes et, circulant les uns au travers des autres, ils prennent la forme des hommes et des différentes espèces d'animaux. » Extraordinaire pressentiment de nos théories sur l'Evolution, car demeure, dans nos composantes, ce qui fut un poisson, puisque pendant neuf mois nous baignons dans l'eau salée du ventre maternel, et que tels se perpétuent les commencements de toute vie humaine.

C'est un homme d'Orient que ce Sicilien, comme si les secrets des mages de Chaldée, les chimères volant dans des espaces clairs et infinis, avaient hanté ses songes, quand il écrit :

« A mesure que s'effectuent les mélanges, naissent les races multiples des créatures mortelles, dotées de formes inimaginables. Ah, quel spectacle confondant !... », « ... Hors de la terre poussent en abondance des têtes sans cou, errent des bras sans attache, des yeux que ne soutient aucun front... Il y eut en ces temps-là beaucoup d'hommes à double visage et à double poitrine, des bovins portant un visage d'homme et des hommes ayant des têtes de bœuf, ainsi que des hermaphrodites... »

Ne voyons pas là dévergondage d'une imagination poétique, mais étonnante intuition des tâtonnements qu'il a fallu à l'Animé primordial pour prendre les apparences que nous constatons actuellement. Apparences transitoires certes, puisque rien ici-bas n'est achevé et que du mélange des éléments naissent des monstres ou des créatures que nous jugeons belles.

En visionnaire, Empédocle conçoit le mouvement perpétuel animant les astres et nous-mêmes comme le flux et le reflux d'une marée géante, comme le resserrement et la dilatation de l'Un qui se fait Multiple, puis se concentre à nouveau sur soi pour rejaillir. Vague démesurée tonnant dans l'abîme. Découverte que les actuelles données scientifiques viennent corroborer, en établissant le concept d'Univers en expansion et d'Univers en contraction.

Or qui provoque pareille alternance mettant en mouvement perpétuel ce vide qu'on ne peut appeler néant ? (Car, pour Empédocle, le vide est aussi un matériau.)

La Haine, qui inévitablement succède à l'Amour, créant discordances et querelles et violence. Mais jamais l'une des deux impulsions ne

règne sans l'autre. Elles cohabitent, les propor-
tions du mélange s'accroissant ou diminuant tour
à tour, comme en l'homme les forces claires
d'Apollôn et les ténébreux ressacs de Dionysos.
Propositions d'une physique toute métaphysi-
cienne.

« Tantôt l'Un se reforme, aux dépens du Multiple, tantôt le Multiple apparaît grâce à la division
de l'Un et se dissocie en feu, eau, terre et éther... »

« Double est donc la naissance des choses péris-
sables, double aussi ce qu'on appelle leur mort :
pour toutes choses, le retour à l'unité engendre
mais tue, et l'éloignement, en s'accroissant, dis-
sipe et dissout l'existence. Pareil changement ininterrompu n'aura jamais de fin... »

Mais si, des éléments, provient tout ce qui a été,
est et sera, hommes et femmes, oiseaux et poissons, et même « les dieux à la longue vie, comblés
d'honneurs », les uns à travers les autres circulent
en changeant de formes, en échangeant leurs formes. Prodigieuse, vertigineuse activité dans des
recommencements qui sont et ne sont pas les
mêmes. *Champ d'expériences illimité*, dont la
contemplation exalte, chez Empédocle, l'homme
de science.

« La terre s'unit à elle-même, l'éther augmente
l'éther. » Ainsi de l'ininterrompue agglomération
de matériaux produisant les étoiles, qui ensuite
explosent, comme nos télescopes l'ont découvert.

Jusqu'où peut aller cet accroissement qui correspond à ce que, nous, humains, infimes créatures, avons connu dans notre propre corps, pendant les vingt premières années correspondant à l'enfance et à l'adolescence ? Car nous aussi, après cette extraordinaire dilatation de l'être, nous diminuons peu à peu, chair et os s'opacifiant, étrécissant notre silhouette. Ne plus grandir, quelle déception ! Allons-nous disparaître ?

Les structures, les mécanismes de l'Univers sont là pour nous rassurer. L'avancée vers des rives toujours nouvelles, toujours éblouissantes, est notre lot. Et peut-être les pouvoirs dont se targue celui qui a passé par les purifications indispensables, les *Katharmoï*, qui a vécu d'innombrables existences, qui a été « pendant un temps garçon et fille, arbre, oiseau et poisson muet dans la mer », « qui a pleuré et sangloté devant l'ineffable », ces pouvoirs-là, allant de soi, sans qu'aucune idée de supériorité orgueilleuse ne s'y attache, nous seront-ils aussi accordés.

« Tous les remèdes servant à apaiser les souffrances communes et celles de la vieillesse, tu les apprendras... Tu sauras dompter les ouragans qui dévastent, en tourbillonnant, les espaces cultivés... Après la pluie opaque, tu rétabliras opportunément la sécheresse et de nouveau, pour les hommes, après la sécheresse de l'été, tu obtiendras du ciel les pluies désaltérant les végétaux. Enfin tu parviendras à ramener, du fond de l'Hadès, l'âme d'un homme déjà mort... »

Pouvoirs magiques, sans doute, que détenait déjà Orphée.

Percent la nostalgie d'Empédocle et son angoisse émouvante et son refus de ce que les autres supportent et même considèrent comme licite et recommandable. Reviendra-t-il jamais, cet embrassement intime où « tout était doux et familier à l'homme, même les bêtes sauvages, puisque la flamme de la bienveillance illuminait jusqu'à l'horizon » ?

« Hélas, ô race infortunée des mortels, ô race très douloureuse ! De quelles discordes, de quels gémissements vous voilà née ! »

« A l'Age d'Or, les hommes ne reconnaissaient encore pour leurs dieux ni Arès le tumultueux, ni Zeus roi, ni Cronos, ni Poséidôn. Cypris était reine, et ils l'honoraient par des offrandes non impies, c'est-à-dire par des images représentant diverses créatures, par des parfums délicieux ; ils faisaient brûler la myrrhe purifiante et l'encens odorant, ils posaient sur le sol des gâteaux de miel. Alors on ne faisait pas ruisseler sur les autels le sang divin des taureaux ; les hommes de jadis considéraient comme abominable le fait d'immoler un être vif et d'en dévorer le corps si noble... »

Même s'ils sont cause de cette indignation violente qui lui arrache des invectives, et qui dément une maîtrise de soi qu'Empédocle prétend possé-

der, les hommes lui inspirent de la pitié. De la
piété. Car ils restent œuvre divine, et les disgrâces
que les actions honteuses accomplies dans des vies
précédentes leur ont values, lui, Empédocle, s'ef-
force de les soulager. Il analyse les causes des
maladies, il écoute des souffles, il ausculte des
cœurs. Il tente de comprendre le fonctionnement
mystérieux d'un corps :

« L'oreille, semblable à une cloche... »

« Tout ce qui vit a reçu en partage la respiration
et aussi l'odorat. »

« Les deux yeux ne donnent qu'une seule vue. »

« Voici comment tout ce qui a reçu le souffle de
vie inspire et expire : chez tous les êtres, des
canaux minuscules vont à travers les chairs jusqu'à la surface de la peau, et viennent déboucher
à la saillie du nez, où des conduits retiennent le
sang et fournissent à l'air une quantité d'accès... »

« Dans la partie la plus chaude du corps se for-
ment les enfants mâles. »

« Au dixième jour du huitième mois apparaît
chez la femme [en gestation] la sève blanche [du
lait]. »

« Ils sont de même nature, les cheveux et les
feuilles et les ailes vivaces des oiseaux et les écail-
les qui naissent sur de solides contours. »

« L'articulation joint deux choses. »

Et au contraire d'Alcméon de Crotone, qui situe
la pensée dans le cerveau, Empédocle conclut :

« C'est le sang circulant dans la région du cœur qui produit la pensée. »

Aux écoutes, toujours menant son enquête sur l'homme, sur le feu, sur la mer « écume de la terre » où tournoient, comme les astres au ciel, les « fécondes tribus des poissons », sur les buccins, sur les tortues à la carapace dure comme la pierre, sur les « grenades tardives et les pommes succulentes », Empédocle conforte ses semblables dans l'idée que tout ce qui est à portée de main les concerne et requiert examen.

Et tout ce qui leur échappe requiert encore plus de soin, pour un transfert de forces grâce à quoi s'opèrent la délivrance et, plus qu'une métamorphose, une mutation de l'espèce humaine.

Quand il dit que ceux qui sont arrivés au terme d'une infinité d'existences deviennent devins, rhapsodes, médecins ou conducteurs d'hommes, c'est bien son propre portrait qu'il suggère.

Portrait qui se confond avec celui de Pythagore, dont la démarche a précédé la sienne, a suscité la sienne, et auquel il fait allusion :

« Parmi les autres se trouvait un homme prodigieux, dont le savoir et le génie, dans toutes les disciplines, éclataient pareillement. Grâce à l'effort intense de sa concentration, il évoquait les souvenirs précis de tout ce qu'il avait pu connaître au cours de dix, de vingt vies humaines, par lui successivement vécues. »

Tout cela s'achève dans une imagerie grandiose, dans une solitude totale, qui contraste avec le mouvement des foules massées sur l'Agora et jusqu'à Olympie, autour du Sicilien à l'ample voix musicale mais âpre, à la parole surabondante.

Empédocle, d'un coup, se tait. Empédocle d'un coup se regarde au miroir de sa propre incandescence. S'est-il vraiment jeté dans l'Etna ? Ou l'observateur consciencieux, impatient, ébloui qu'il était, a-t-il perdu toute prudence ? S'est-il aventuré trop près, dans cette ivresse qui gagne les alpinistes et les plongeurs, et où l'instinct de conservation paraît dérisoire ?

Quoi qu'il en soit, le volcan a reçu l'offrande d'un corps que consumait, comme celui d'une victime exultante, ce qu'à juste titre on peut appeler ici « le feu sacré ».

Ces trois silhouettes géantes, debout dans le vent frais et les rougeoiements de l'aurore, dans l'aurore des dieux, elles contemplent le monde avec les yeux de qui a été délivré de l'erreur, de qui a été initié.

Nous les regardons, nous, pour apprendre les gestes à faire, pour apprendre comment prononcer les mots qui lient et qui délient, comment entrer par le souffle dans une parenté avec tout ce qui vit.

Ces trois-là ont en commun une certitude *a priori* non grecque, qu'on retrouve à l'autre extrémité de la terre, dans des contrées qu'ils n'ont jamais parcourues, dont ils n'ont pu entendre parler que de manière vague, je veux dire le pays où naquit le Bouddha.

La roue des réincarnations est un symbole orphique. Naître demeure une épreuve et non pas le commencement d'une longue série de plaisirs. Mourir met un terme à cette succession de liesses et de cauchemars qu'on appelle une vie.

L'envol suprême, comme l'apprend toute initiation aux Mystères, il se mérite. Il se désire d'abord. Il est choix et abandon de soi. Le célèbre mythe de Sisyphe, où la roche péniblement hissée jusqu'au sommet retombe, dénonce l'envie que nous avons de stagner dans nos habitudes, de recommencer de nouveaux parcours, de nouvelles existences où l'assouvissement se révèle comme toujours impossible.

Alors l'Hadès s'actualise instantanément dans le *sôma-sèma* des Orphiques et des Pythagoriciens, dans le corps-tombeau.

A la limite, on pourrait affirmer que, pour eux, l'âme meurt au moment où elle s'enferme dans l'opacité du corps. Que vivre est mourir, et mourir naître à la Vie.

Comme l'enseigne dans le même temps le Bouddha, à six mille lieues des fidèles de Locres, de Crotone ou de Métaponte, tuer est l'interdiction première, puisque sa transgression vaut au meurtrier le renouvellement du bail maudit : l'aveugle cheminement sur cette terre.

Les formules, les prières guidant celui qui a laissé derrière lui ce tyrannique, ce très précieux instrument de connaissance qu'est le corps, ces formules parfaitement identiques qu'utilisent les bouddhistes tibétains, qu'utilisaient les Egyptiens et les Minoens — elles ont été retrouvées, comme nous l'avons dit, dans des tombes de Grande

Grèce. Si belles et si réconfortantes, qu'il faut les prononcer une fois de plus :

> *« Salut, ô toi qui as enduré des tourments !*
> *D'homme, tu es devenu Dieu !*
> *Chevreau, tu es tombé dans le lait... »*

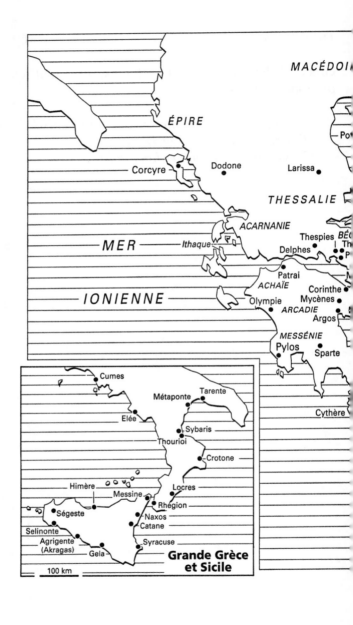

MACÉDOI

ÉPIRE

Po

Corcyre
Dodone
Larissa

THESSALIE

ACARNANIE
Thespies BÉ
Th
MER
Ithaque
Delphes
P

Patrai
ACHAÏE
Corinthe
IONIENNE
Olympie
Mycènes
ARCADIE
Argos

MESSÉNIE
Pylos
Sparte

Cythère

Cumes

Métaponte
Tarente
Elée
Sybaris
Thourioi
Crotone

Himère
Locres
Messine
Rhégion
Ségeste
Naxos
Catane
Selinonte
Syracuse
Agrigente
(Akragas)
Gela

**Grande Grèce
et Sicile**

100 km

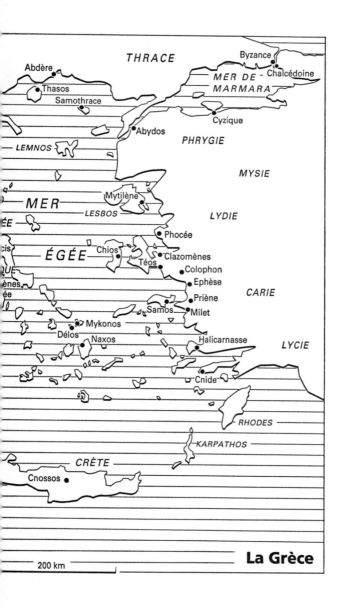

La Grèce

200 km

DU MÊME AUTEUR

Ouvrages publiés aux Editions du Seuil

   Les Fascinés, roman, 1951
   Sable, nouvelles, 1953
   Vincent, roman, 1953
   La Leçon des Ténèbres, roman, 1954
   Judith Albarès, roman, 1957
   Le Veilleur de nuit, roman, 1962, Prix Renaudot
   L'Orangerie, roman, 1963
   Dérive au zénith, poèmes, 1965
   Exploration d'un corps, essai, 1966
   Navigation vers les îles, nouvelles, 1967
   L'Eruption du Krakatoa, 1969
   La Thessalienne, roman, 1973
   Le Mariage berbère, roman, 1975, Prix de Marrakech
   Danse de l'orée, poèmes, 1979
   Le Funambule, roman, 1981
   Lalla Zahra, roman, 1983
   La Fête en éclats, roman, 1985

Chez Robert Laffont

   La Famille Borgia, roman, 1957
   Compagnons insolites, récits, 1961
   Un petit œil, roman, 1964
   A l'état sauvage, récits, 1967

Chez d'autres éditeurs

   Comme des mers sans rivages, poèmes,
     Jacques Haumont, 1945
   Opera-Buffa, nouvelles, Plon, 1956

Planant sur les airs, roman, Gallimard, 1960

L'Oiseau, essai, Robert Delpire, 1953

Les Derniers Rapaces, essai, Stock, 1964

Des renards vivants, essai, Stock, 1961, Prix Grammont,
   réédition 1990

Des roses pour mes chevreuils, récits, Stock, 1974

Philippine et la coccinelle à sept points, conte,
   Casterman, 1969

Philippine et le joueur de luth, conte, Flammarion, 1970

Alezanes au galop, récits, Stock, 1977

Les Belles échappées, récits, Seghers, 1987

La Bouche du Sphinx, poèmes, Fédérop, 1992

L'Huître dans la perle, Petite Introduction au Zen, essai,
   Trédaniel, 1993

Le Jardin d'Hérodote, roman, Fédérop, 1994

L'Ephèbe couronné de lierre, roman, L'Escampette, 1995

La Gloire d'Ishwara, récit, l'Escampette, 1996

Vers l'estuaire ébloui, poèmes, Fédérop, 1996

« Spiritualités vivantes »
Collection fondée par Jean Herbert

au format de poche

DERNIERS PARUS

101. *Et Dieu créa Ève, A Bible ouverte*, t. II, de Josy EISENBERG et Armand ABÉCASSIS.
102. *Les Collations de Jean Cassien ou l'unité des sources*, textes choisis et présentés par Jean-Yves LELOUP.
103. *Praxis et Gnosis, textes d'Évagre le Pontique*, choisis et présentés par Jean-Yves LELOUP.
104. *Le Centre de l'Être*, de K. G. DÜRCKHEIM, propos recueillis par J. CASTERMANE.
105. *Tsimtsoum, introduction à la méditation hébraïque*, de Marc-Alain OUAKNIN.
106. *La Voie soufie*, de Faouzi SKALI.
107. *Moi, le gardien de mon frère ? A Bible ouverte*, t. III, de Josy EISENBERG et Armand ABÉCASSIS.
108. *Sermons sur le Zen, Réflexions sur la Terre Pure*, traduits et présentés par Maryse et Masumi SHIBATA.
109. *Dhammapada, les Dits du Bouddha*, traduits du pali.
110. *L'Anneau de la Voie*, de Taisen DESHIMARU, textes rassemblés par E. de SMEDT et D. DUSSAUSSOY.
111. *Rubâi'yât*, de Djalâl-od-Dîn RÛMÎ, traduit et présenté par E. de VITRAY-MEYEROVITCH et D. MORTAZAVI.
112. *Vie de Moïse, de Grégoire de Nysse, ou l'être de désir*, traduit par J. DANIÉLOU et présenté par J.-Y. LELOUP.
113. *Homélies de Jean Chrysostome sur l'incompréhensibilité de Dieu*, traduit par R. FLACELIÈRE et présenté par J.-Y. LELOUP.
114. *Le Dharma et la vie*, de lama Denis TEUNDROUP.
115. *La Méditation créatrice et la conscience multidimensionnelle*, par lama ANAGARIKA GOVINDA, traduit par Jean HERBERT.
116. *Le Puits d'eaux vives, entretiens sur les Cinq Rouleaux de la Bible*, de Claude VIGÉE et Victor MALKA.
117. *Œuvres*, de saint FRANÇOIS D'ASSISE, traduit et présenté par A. MASSERON.
118. *La Méditation bouddhique*, de Jean-Pierre SCHNETZLER.
119. *Zen et samouraï*, de SUZUKI SHÔSAN, traduit et présenté par Maryse et Masumi SHIBATA.
120. *Le Taoïsme vivant*, de J. BLOFELD, traduit par Jean HERBERT.

---

*La composition de cet ouvrage a été réalisée par l'**Imprimerie BUSSIÈRE**, l'impression et le brochage ont été effectués sur presse Cameron dans les ateliers de **Bussière Camedan Imprimeries** à Saint-Amand-Montrond (Cher), pour le compte des Éditions Albin Michel.*

Achevé d'imprimer en janvier 1997. N° d'édition : 16117. N° d'impression : 2256-1/2762. Dépôt légal : janvier 1997.